山の道

山の道

宮本常一

八坂書房

はじめに

山の彼方に何があるのか、もうわかりきっている今日では山の彼方にあこがれや不思議の思いを抱くものは少なくなってしまったが、それでもなお山中の村を訪れ、そこに何ものかをさぐり出し、また遠い昔をしのぼうとする人は少なくない。それでは山の中にどのような人生があったのか。そういうことをさぐって見ようとするのが本書のねらいであった。

山の中の生活は意外なほど厳しく、そこには残忍な争いもおこなわれていることが、古い書物の端にのこっていて、これはしかも落人の話のかげにかくれてしまっているが、落人の伝説もあるいはこうした殺戮にあった人たちが、それを美化したのかもわからないと思うものがある。

山中にはまた山の中を移動してあるいた人びとも多かった。今は大方定住して村を作っているが、木地屋・マタギ・タタラ師・サンカなど、一般の百姓とは違ったくらしをたてながら、山から山をわたりあるいていた。そしてその人たちにもそれぞれの歴史があった。

一方山をこえて交易をおこなわねばならぬ人たちもいた。その人たちの通った道には広いよい道もあったが、近道をするための間道も少なくなかったのである。そういう道を人びとはどのようにあるいていったであろうか。山道をゆけばかならずといっていいほど峠越えをしなければならなかった。

そして日本には夥しい峠がある。それらの峠道のはたした役割についてもふれ、人びとが山中でどのような生活をたてて来たかを見て来た。

本書の調査研究は故馬場勇氏をはじめ、近畿日本ツーリスト社長久保常明氏の御厚意、協定旅館連盟の御協力によって続けられ、また八坂安守氏に編集上いろいろ御協力いただいたことを記して謝意を表したい。

なお、本書は、一、二、六を宮本が書き、三、四、五を田村善次郎が書いた。

昭和四十九年十一月十一日

宮本常一

目次

一　秘境の話

1　秘境に託す夢

山のあなた

山のあなたの空遠く
幸棲むと人のいう
あゝ　われ人と尋《と》めゆきて
涙さしぐみ帰り来ぬ
山のあなたのなお遠く
幸棲むと人のいう

というカール・ブッセの詩がある。重なりあう山のあなたに、すばらしい世界があると思いつづけて来たのは、フランスの詩人だけでなく、山のこなたに住む者の共通した夢ではなかっただろうか。

目の前にたたなわる山に分け入る道があれば、人はそこを辿って山の彼方を見ようとし、時にはまた異国の人がその道を辿ってやって来ることもあって、山の彼方に人の住む世界のあることを知り、何とない安堵と山の彼方への期待をおぼえたものである。と同時に山の中にもいろいろの人生のあることを知った。

たたなわる山のひだひだに人の住みついた歴史は古い。今日から見れば、何故そんな山の中に住んだのだろうと思うような所に人の住んだのには、それなりの理由があった。山中に野獣の多かった頃はそれをとっても命をつなぐことはできたし、山の木を伐りたおしてそれに火をかけ、そのあとにソバやヒエをまいて食う物を作ることも早くからおこなわれていた。また谷川などがあれば、そこにいる魚なども今日よりははるかに豊富であった。

あまり欲ばらずに暮すのであれば、山中の生活は張りもあり、また楽しくもあったが、どこを見ても山ばかり、どこへいくにも坂道を歩かねばならないとなると、そういう環境に身体がなれていなければとても住める世界ではなかった。そういう村は平野に住む者にとっては神秘な世界のようにさえ映ったのだが、それでは山中に秘境といわれるようなところはどれほどあったのだろうか。

山中の秘境

山中の秘境といわれるものを地図をたどりながら見ていくと、九州では熊本県の五木・五家荘、宮崎県の米良・椎葉村、四国では高知県の寺川、徳島県の祖谷山・木頭村、

西浦

白川

近畿では奈良県十津川・北山村など、中部地方では福井県西谷、岐阜県石徹白（もとは福井県）・荘川・白川・朝日・高根、富山県上平、長野県遠山・開田・奈川・秋山、山梨県奈良田、新潟県三面《みおもて》、群馬県六合《くに》村、栃木県栗山村、福島県桧枝岐・館岩、岩手県山形・安家、山形県朝日、秋田県皆瀬などがあげられる。

もとより不便であり、周囲の村から隔絶して世間から忘れられているような村は以上にあげた例の何十倍というほどを数えるであろう。そしてそういう村々はもとは里人の近付き難いところのように思われたのであるが、戦後道路網の発達によってこうした村々へも車で容易に訪れることができるようになって、人に忘れ去られている秘境はもうなくなってしまった。

秘境でなくなると、まず草葺の家が消えはじめた。また焼畑などの古い農耕が消えてゆき、フジやマダなどで織られた着物を着ている人も見かけなくなってしまった。また野獣の群も著しく減って狩を職業とする人も少なくなったし、椀木地などを作っていた人たちもそうした作業をやめて、いつしか農耕で生活をたてるようになった者が少なくない。

秘境はこうして消えていったが、そこにはまだ古い生活の名残をいろいろととどめているばかりでなく、そこに住む人たちも過去を語ることにそれほどこだわることもなくなって来た。

また、こうした村の中には早くから里人の関心をひいたものもあって、まだろくに道もなかった頃これらの山村を訪れて紀行文などのこしていった例も見られる。高知県寺川の『寺川郷談』や徳島県祖谷山の『祖谷山日記』、長野県秋山郷の『秋山紀行』などはその貴重な資料で、このほかにも地元にあって家の歴史をこまかに書き綴った長野県坂部の『熊谷家伝記』などは興味のつきない書物で、この山中に住みついて村をひらいていった人びとの暮らしをこまごまと読みとることができる。

三面

今は明るく暮しやすくなったこれらの村々のことを古い記録や、土地の人たちの言い伝えにもとづいて、古い昔、山の村々にどのような暮しがあったかを話してみたい。

2　米良・椎葉山

ハエ（八重）の村

九州の中部一帯は山が深い。高い峯がいくつもいくつも重なりあい、その間に谷が深くくい込んでいる。谷の深いために谷底に家のあるところは少ないが、山の中腹や尾根の傾斜のゆるやかなところには人家が五戸、三戸へばりつくようにあって、家のまわりに田や畑をひらき、家からはなれた山地には焼畑を作って生活をたてているのが普通であった。

そういう不便なところに人はなぜ住みついたのだろうか。理由はよくわからないけれど、九州の山中は古くから猪が多く、その猪をとって食うだけでも肉蛋白の補給はついたようであった。山の尾根のやや平になったところに家をたて、家のまわりに柵をしておけば猪がその中へはいるようなことはない。柵の外は山林になっており、その山林からはウルシ・カタシ（ツバキの実）・カシノミ・シイタケ・クリ・キクラゲなどがとれた。カシノミはそれを搗きくだいて水でよくさらしてアクをぬき、煮てカシノミ粥にして食べた。山地の傾斜のゆるやかなところでは木を伐りたおして、火をつけて焼き、ヒエ・アワ・ダイズ・アズキ・ソバなどを作った。

しかし、そうした焼畑耕作よりも男たちにとって血をわかせたのは狩であったと思われる。一三世紀頃の記録に、熊本県五木地方に二九カ所の狩倉があったと見えている。男たちはその狩倉をかけずりまわって野獣を追ったに違いない。そういう山地では身体も頑丈で足も強く、戦闘的な人間が育っていったと思うが、そういう人たちを隼人といった。文字から見ると隼のようにするどく機敏な人ということになるが、もともとはハエノヒトから出たといわれている。ハエは尾根の上のゆるやかな傾斜面であり、八重と書いている。そういうところに住んでいる人を里人はハエノヒトといったのであろう。そしてそれがハヤトとよばれるようになったのではないかという。事実南九州の山地にはハエという地名が何百というほどある。そしてそのハエには多く人が住んでいた。今から三四〇年ほど前の記録に、五木村には三九一軒の家があったと記されている。けわしい山中にそんなにも多くの家があったのかとおどろくほどであるが、この山中には早くから人びとが住みついて活動的な生活をたてていた。

米良主膳

このような山中の村々は一見平和に見えるけれども、その生活がきびしいように、住んでいる人たちの気持もまたはげ

八重の村

しいものがあって、決して平穏な日々がつづいていたのではなかった。

伝説によると、長門壇ノ浦の戦に源氏に敗れた平家が、敵の目をのがれて九州の山中に住みついたものが多いといわれているが、事実はそれよりはるかに古い昔からこの山中には人が住み、その人たちも今言ったように平穏無事に暮して来たのではなかった。そして源平戦よりはるか後、今から四〇〇年ほど前にこの山中でおこなわれた大きな騒動についてはほとんど記憶する者もなければ、伝承する者もない。しかし、書きのこされたわずかばかりの資料を綴りあわせてこの山中の歴史をふりかえって見よう。

九州山脈中の村

秘境といわれる五木・五家荘・米良・椎葉のうち、比較的たしかな歴史の明らかなのは米良である。米良山中にいた米良氏は肥後菊池氏の後だといわれている。菊池氏は肥後の豪族で、南北朝の頃は南朝に属して足利氏と戦いつづけたが、南北朝が合一した後も、隈府（菊池市）にいて肥後の守護職として勢力があった。しかし戦国時代に入ってからはこの地方も戦乱が相つぎ、菊池能運のとき、文亀元年（一五〇一）に宇土為光のために攻められて、隈府城は落城し能運は肥前島原に落ちのびた。幸い能運の重臣たちが二年後の文亀三年

（一五〇三）に隈府城をうばい返して能運は再び城に帰ったが、その翌年二三歳の若さで病死し、能運のあとを一族の政隆という一四歳の少年がついたが、永正六年（一五〇九）に豊後の大友氏に攻められて敗死し、菊池氏はほろびてしまう。

五家荘（緒方家）

ところが能運には別に実子重為がいた。文亀元年（一五〇一）能運が宇土為光に敗れて肥前にのがれるとき、能運は幼児重為を老臣に託して友交関係にある球磨の相良氏のもとへ送った。相良氏はこれを日向の米良の山中においた。そしてその子孫は長く米良山中に蟠踞して明治に至ったのだが、里人たちはこの山中を神秘な世界としてうけとり、『大宰府管内志』にも

「この領主を女良主膳という。小松の重盛の遠孫と称して人にくだらず、年始に球磨の相良家にいって挨拶するとき、相良氏もこれをうやまい、主膳もまた臣下の礼はとらない」

とある。これによって見ると、江戸時代には米良氏は里人たちには平家の子孫と考えられていたのである。

日向の南部には伊東という豪族がいた。伊東氏は天正四年（一五七六）米良美濃守の領地である地福というところ

を奪った。怒った米良氏は須木・三ッ山などの領地を島津氏に贈って援《たす》けを求めた。また米良の一族嶽米良の弥太郎も伊東氏に対して抵抗した。伊東氏は弥太郎をだまして三納によび出し、これを斬った。そこで米良氏は島津氏の援けをかりて伊東氏と戦をおこしたが、奪われた土地を回復することはできなかったようである。

おなじころ米良の惣領米良主膳は球磨の相良氏とも対立するようになって、北隣の椎葉山に勢力を張っている那須祐貞と相良を攻めることにした。ところがどうした感情のゆき違いがあったのか、主膳は途中で祐貞を殺してしまった。そのため米良と椎葉の間も対立を見るようになった。

椎葉山騒動

祐貞には四人の子があった。四人の子のうち左近・九郎右衛門は小崎に、弾正は向山に、将監は神門にいて連合して椎葉山を治めこれを椎葉山三人衆といった。三人衆は父を殺されても米良を攻めるほどの力は持たなかった。

ところがそうした不安定な中にあって豊臣秀吉の九州征伐はすすめられ、秀吉は椎葉山に鷹が多いと聞いて鷹匠落合新八郎を鷹巣山見分のため椎葉山へ派遣した。山中の土豪たちは秀吉の勢威のすさ

米良の民家

まじさを噂に聞いておそれをなしていたので、その家臣落合に対しても応待に出る者がなかった。ただ向山の那須弾正がそれでは相すまぬと接待に立ち廻り、自分の館を宿所にあて、接待饗応の費用は山中の村々に割りあてて事を運んだ。落合はこのもてなしを喜び、弾正・左近・紀伊（将監の後か）の三人に椎葉山支配をみとめる秀吉の朱印状を与えることを約束した。これによって三人の地位が高まることになる。それまで椎葉山中には一三人衆といって、有力な土豪が一三人居り、それが合議制によって山中の村々の統一をはかっていたのであるが、朱印状を持つ三人が断然勢力を持つことになり、特に弾正の家が椎葉山全体の領主のようになって来た。そして弾正の子久太郎が後をついだ頃は完全に領主として山中を治めるにいたった。他の一二人衆にとってそれは快いものではなかった。

米良の神楽

さて久太郎には露今朝という美しい妹があり、露今朝は人吉藩の重臣犬童清兵衛の妾になっていたが不義をしたために放逐されて、椎葉一二人衆に引き渡された。一二人衆は久太郎をそそのかして清兵衛を討つようにけしかけ、一方一二人衆は久太郎の謀反を人吉に通報した。久太郎ははかられたことを知ると国外にのがれ、江戸にのぼった。その頃はすでに江戸幕府の天下になっていた。久太郎は鷹巣山が一二人衆に奪われたと訴えたので、幕府は延岡藩主高橋元種に命じて鉄砲三〇〇挺を久太郎に貸して加勢させた。一二人衆もまた江戸に出て訴え、幕府も真偽のほどを決しかねて容易に裁決を下さなかったので、久太郎は椎葉山に帰って一二人衆に対抗したが、一二人衆は久太郎をおそって殺し、久太郎方の百姓たちの多くも殺された。元和四年（一六一八）のことである。そこで幕府は一揆をおこした一二人衆を江戸に下向させて切腹を命じ、さらに幕府は相良氏に対して椎葉山討伐を命じた。相良藩では椎葉山の首領たち一〇人を人吉におびき出して捕え、首を斬った。元和五年八月一六日のことであった。そして二一日には山中に残っている一揆の仲間男女ともに討ち取るため兵を進め、大河内というところでは百余人を殺し、不土野口でも百余人を殺した。

椎葉山中には二六の村があり、男女千余人をからめとり、そのうち四八四人を処刑したという。おそらく成年の者の大半が殺されてしまったのではないかと思われる。全く恐ろしいような殺戮であった。そしてこの殺戮によって山民の持つ荒々しい血はしずめられたと見られる。

椎葉山逃散

父を失い、親兄弟を失って女と子供だけの残った山村では、もはや外に向って強い力で押し出してゆくこともできねば、また山地でお互が争うこともできなくなった。それでもなお神門には古くから続いていた那須将監の家が残っていた。将監は椎葉山騒動にはまきこまれず、騒動が静まると、延岡藩主有馬直純に仕えた。

椎葉山は江戸時代に入って延岡藩の預り地のようになっていたが、当時の藩主高橋元種は慶長一八年に除封になり、代って肥前日野江から有馬氏が移って来た。

寛永一四年（一六三七）島原の乱がおこると、九州各藩に対して幕府から出征命令が出されたが、将監・玄蕃の親子はこれに従わなかったために誅せられ、その家は亡びた。村の外側には大きな権力があって、これに従わないものは容赦なく消してしまうということを山の領主たちはまだ気付いていなかった。

外部の強大な力に気付いた小崎城主の那須五左衛門は、薩摩の島津氏に千石で仕えることになって椎葉を去った。その弟の太郎兵衛は神門にいて有馬氏に仕えていたが、元禄四年（一六九一）有馬氏が越後糸魚川に移封になったとき、武士をやめて坪屋に移り、百姓になった。このようにして椎葉の親方衆の家々は完全にその地位と権力を失ってしまったのである。

椎葉山騒動のあった後この山地の管理は阿蘇宮司に託されることになった。阿蘇という家は阿蘇神社に仕える神官の家であったが、鎌倉時代以来武士化して、その信仰領域を武力によって支配するようになり、肥後では人吉の相良、隈府の菊池とともに、三大勢力にのしあがっていた。そういう家であったから、椎葉山の管理を託されたのであろうが、広い山地に集落は三戸、五戸ずつ点在するような所なので苦労ばかり多く、明暦二年（一六五六）四月にその管理を辞退した。そこで幕府は人吉の相良氏に管理を命じた。相良氏は椎葉山騒動のとき、山中討伐の直接指揮をとった家であり、山民斬殺をおこなったのもこの藩の武士たちであったから、椎葉の人々はすぎ去った悪夢の日を思い出し、男女九五人の者が一〇月二四日延岡領に逃散しようとした。延岡藩ではこの人々を神門に抑留し、いろいろとさとして、故郷に帰らせ、近世的な自治組織を作って自主統治にあたらせることにした。すなわち山中を地域的に四つの組にし、組には大庄屋を一軒ずつおき、組の下には八四の村が分属し、村は小役人がそれぞれ自治的な事務をとることにした。このような編成替えによって、山の人たちははじめて農業にいそしむ日々を迎えることになる。

しかも椎葉山中の人たちはこの悲惨な過去についてはほとんど語ろうとしない。そして平家の落人伝説と那須大八と鶴富の恋のロマンスだけが喧伝されるようになった。仮にそのような話があったとしても、八〇〇年ほどの間、この山中の生活が平穏無事だったわけではなく、実に波乱にみちた歴史がそこにあった。

ただ、椎葉の南の米良は、米良主膳が謀反を企てて以後鳴りをしずめて里人と対応し、また相良氏の預り地として幕末を迎えることになる。そのような生活をたてていくためにはひたすら山を焼きヒエ・ソバを作って食料を自給し、身のまわりのものをも自給し里人との交渉をできるだけ少なくするような生活をたてざるを得なかった。そのことによって江戸中期以降の平和な日が来たのであった。

山中放浪の人びと

山中に住む人びとは、もともと一ヵ所に定住しているばかりでなく、移動を事とする仲間も多かったようである。椎葉の東方に隣する諸塚も山中の村として早くから知られており、阿蘇山を舞台にして戦争の盛におこなわれていた一四世紀から一六世紀へかけての頃すなわち南北朝時代から戦国時代へかけての頃、戦に敗れた人びとはしばしばこの山中に逃亡して難をさけたようである。この山中は阿蘇山の南麓の谷を南へぬけて来ると比較的容易に入り込むことができた。

山中ではあるが、入り込みやすいということは同時に出てゆきやすいということでもあった。山の中で暮しをたてている人たちの中には、その住居の周囲での耕作や狩猟だけでは生活をたて難くて、居住地を根拠にしてかなり広い範囲を廻遊して獲物をとったり、手仕事をしたりして生活をたててい
る者も少なくなかった。秋から冬にかけては穀物もあり、獣肉などもあって食うものに困らぬが、春さきになると食うものが乏しくなる。すると食物を求めての移動がはじまる。里の村を訪れてあるくのだが、村はずれの河原や木立の中などに簡単な小屋掛けをして川魚をとって農家へ売り歩いたり、野生の竹を利用して竹篭など作って売りあるく。諸塚や鞍岡にはそのようにして生活をたてている者が少なからずいた。里人はこれをサンカとよんでいたが、漂泊をしなければ生活のたち難いような環境に生きていたのである。

阿蘇山中の峡谷。蘇陽峡（サンカが定住したという）

それではそういう山中を捨てて、もっと住心地のよい所へ移住したらよいだろうと考えるが、実はそういう人たちを住まわせるようなところは少なかった。そこに住んでいる者にとって、自分たちの持地が減り、また異質な者がその生活の中に入りこむことを極度におそれたのである。しかし時あって村を訪れ、村人の便宜をはかるようなことをして呉れる者に対しては村人もこれを歓迎したから、廻遊

の方法によって里人に接しつつみずからの生活をたてていったのである。

翁捨山

一方山中に定着して一応は安定しているかに見える在所でも、その生活はきわめてきびしいものがあり、日照や長雨のための凶作があると、忽ち食うものに困ってしまうのが山中の生活で、戦国乱世ならばそんなときに里へ出て来て食料を奪っていくようなことも多かったと思われるが、太平の世になるとそれもできず、里の方へ物乞いに出かける者が少なくなかったし、また村の中の扶養人口をできるだけ減らす方法も考えられた。椎葉村の西南の隅に合戦原《かせばる》という所があるが、そこは昔老人たちを捨てたところであるという。捨てるといっても犬や猫を捨てるように捨てたのではない。隠居した後、まだ働く余力を幾分持っている老人たちをそこへ追いやって住まわせたのである。老人たちはそこに小屋掛をし、小屋のまわりに少しばかりの畑をひらいて細々と暮しをたて、生きられるだけ生きて死んでいったという。生活のきびしい土地では老人たちをそのように別住させたという話を諸所で聞く。合戦原にはそうした老人の小屋が点々として見られたというが、年老いた親をそこに住まわせることが気の毒で、老人が合戦原に移るとき、孫をつけてやる者も少なくなかった。孫と居ることで老人もさびしさをまぎらわすことができる。そうした孫たちの中に合戦原に定住する人もあるようになってそこに村が形成されて来たという。

3　祖谷山と本山

祖谷山三六名《みょう》

阿波の祖谷山は平家の落人の住む所として早くから里人の噂にのぼっていたところである。四国は山脈が東西に走っているところで、吉野川流域の平野から祖谷山へはいるにはこの東西に走る山をこえなければならないので、事のほか不便なところであった。この山中に入るには池田の町から祖谷川の渓谷に沿うてさかのぼるのが今は一番便利で、バスも通っているが、昔はこの道はなかった。そこで西祖谷山へはいるには池田から吉野川に沿うてさかのぼり、小歩危・大歩危を経て、そこから東へ山越えに祖谷川の谷へおりてゆく道が多く利用され、そのほかでは阿波井川から南へ水ノ口峠をこえて小祖谷に入り、さらに西祖谷へこえるコース、阿波加茂から桟敷峠をこえて小祖谷の東端に下りそこからさらに落合峠をこえて東祖谷にいたるもの、貞光から一宇を経て小島峠をこえて東祖谷の菅生へ下る道などがある。さらに高知県の豊水から、東豊水の谷を東へあるいて京柱峠をこえ、西祖谷の小川にいたる道がある。これらの道はもとは踏立ての細道で、膝に手をそえてのぼるような急坂であった。

そのように隔絶した山地にも人は住み、祖谷山三六名《みょう》といって、三六の集落があり、もとはその一

祖谷山

つ一つに名主がいた。これらの名が成立したのはいつ頃であるかわからないが、一六世紀の終りには三六になっていたと思われる。その中に阿佐名の阿佐氏のように平敦盛の次男国盛の子孫だという系図を持つ者もあれば、菅生名の菅生氏のように新羅三郎義光の子孫だと称する家もあった。また西山名の西山氏は俵藤太秀郷の子孫だと称している。有瀬名の有瀬氏は小笠原氏の子孫というから、阿波の守護であった三好の一族であったと思われ、徳善名の徳善家、祖山名の祖山家は南北朝の頃（一四世紀）南朝方となって活躍し南朝方の令旨を持ち伝えている。

したがっていろいろの経歴を持った氏族がこの山中に入って山をひらいて畑を作り住みついたと思われるが、どうしてこのような山中に夢を託したものだろうか。とにかく相似たような広さの土地を拓き、そこに住みついたが、名と名との間の争はほとんどなかったようで、それが連合体を組織し、平野の方に戦争があれば山を下っていっていずれかに味方して戦い、その恩賞などにたよって生活をたてていたものと思われ、三好氏が阿波の守護として勢力を持っていた頃には三好氏に雇われて戦功をたてた。

祖谷山騒動

ところが天正一三年（一五八五）に蜂須賀氏が阿波の領主として入国すると、蜂須賀氏はこの山中をも完全に支配しようとして代官を差し向けたが、山中の名主たちはこれを拒み、代官を殺した。そこで蜂須賀氏は東祖谷山に東隣する一宇山の領主小野寺氏を差し向けて討伐させた。小野寺氏はもと陸奥の宮城（宮城県）の人で南朝に仕えて功があり、その恩賞として阿波国朽田庄を与えられ、後に一宇山に移ってそれを本拠とした。

祖谷山（祖谷山絵巻より）

小野寺氏は祖谷山へ前後六年にわたって兵を出した。そしてその間に斬られた名主が七人、土佐に逃亡する者が一一人で抵抗する者はいずれも消されてしまった。

戦乱のつづいていた頃には祖谷山の人は足腰も強く、弓も上手で申し分のない武士であるが、平和な世の中になると、武力を持った山岳民の存在は蜂須賀氏にとっても厄介な存在で、元和六年（一六二〇）に蜂須賀氏はこの山中の刀狩をおこなうことにした。これに反対した山中の民は徳島に強訴したが容れられず、討伐された上に武士としての資格をうばわれ、一宇山の小野寺氏が代官として重末に移住した。この家が後の喜多氏である。

祖谷山の名主は天正の一揆のときに一八名主《みよう》がほろぼされ、一八名が残っていたが、元和の騒動でさらに一二名主が斬られ、大して抵抗しなかった六名主がその家を存続させて今日にいたっているのである。そして再び騒動をおこすようなことはなかった。阿佐氏も蜂須賀氏の討伐をまぬがれて今日まで生きのびた家の一軒であった。

しかしこのような悲惨な話はいつの間にか消されてしまって、この山地は不便きわまるところであったから、かえって人目にもつかず、桃源境のように考えられて来るにいたった。そして葛橋や平家の赤旗を持つ阿佐家と、白旗を持つ喜多の源内さんの家が源平合戦以来この山中でつづいて来たように人も語り、土地の人もそれを他から来る人に信じこませようと話しかけているが、事実は以上のようにいたましい殺裁の歴史があったのである。

葛橋

本山一揆

四国山中でもっとも悲惨な殺戮の歴史をもっているのは本山である。本山は土佐大杉から西へ吉野川の谷を一〇キロあまりさかのぼったところにある。いまは交通も便利になり、高知県北部山中の重要な首邑になっているが、近世初期までは山深い村の一つであった。

土佐の国は慶長五年（一六〇〇）の関ヶ原の合戦のあるときまでは長曽我部氏が長く治めていた。長曽我部氏は領内の住民の力ある者を一領具足といって武器を与えて合戦の時は武士として出陣を促し、日常は在所で農業に従わせるという制度をとっていた。この在郷武士は戦地にあっても困難欠乏に耐えてよく戦い、長曽我部元親の四国統一戦に従って大きな戦果をあげた。

葛橋（祖谷山絵巻より）

ところが関ヶ原の合戦のとき、長曽我部盛親は西軍に属して戦って敗れ、再び土佐の地を踏むことはなかった。

一方土佐にのこって留守をあずかっている者たちは、ひたすら捷報を待ちわびていたが、土佐の人たちの気付かぬ間に時勢はすっかり変っていて、土佐の国は東軍に属して手柄をたてた山内一豊に与えられ、一豊は弟康豊に命じて一〇月一七日大阪から船で土佐の浦戸に向わせた。そうとは知らぬ土佐の武士たちが見張をしていると、海の彼方から夥しい軍船が来る。はじめは戦に勝って凱旋する長曽我部盛親の船だと思い歓喜して迎えようとしていると、近付く船は船印も旗も長曽我部氏のものではない。さては敵船であったのかと気付いて、沖なる船へ鉄砲をうちかけた。そして浦戸の城にたてこもって戦う準備をす

本山付近

すめた。そこで康豊は一まず安芸に退き、使をやって関ヶ原の合戦の結果を知らせ、山内に服従するように命じた。幕府も容易ならぬできごとに兵を国境まで出して威圧した。これに対して長曽我部氏の家老や物頭たちは山内氏に服従を表明したが、一領具足たちはあくまで抗戦すべく浦戸に集って協議をはじめた。その数は一万七千人にのぼったといわれる。ところが家老たちはわずかの兵を持って協議の場に乱入し、幹部の者二七三人を討ち取った。協議の場は大混乱におちいり、武士たちは四方に散った。中には山内氏のすすめによって故郷へ帰った者も多かったが、皆時勢の変化を十分に納得することができなかった。しかも本山地方の武士たちはもっとも不穏な状態にあった。

そこで山内一豊は一族の山内刑部をこの地に派遣して統治させることにした。刑部はまず年貢の取立てをはじめた。しかしその年は不作で、住民は重い年貢の供出に堪えかねた。本山の庄屋高石左馬助、吉之助の兄弟は貢租の猶予を乞うたが、領主はこれをゆるさず、反抗の気配のある者の家から一人ずつ人質をとり、そのうち三一人を浦戸の牢屋につなぎ、左馬助に出頭を命じた。左馬助は弟に一揆の準備を申しつけておいて、一人浦戸にゆき、貢租延期の陳情をかさねておこなった。城内の武士たちはにわかに左馬助を捕えにかかったが、左馬助はたくみにこれを逃れ、本山に帰って来た。

そして集って来た三〇〇人と津山にたてこもって反旗をひるがえした。一豊は大軍をさし向けてこれと戦った。一揆方は小人数であり山内方は大軍で一揆方の勝目はない。そこで一揆方は時期を待つことにし、一応軍を解いて四散し、敵の目のとどかぬ所へ身をかくすことにした。左馬助は讃岐へのがれた。慶長八年（一六〇三）一一月のことであった。事件は一応片付いたかに見えた。

浦戸

山内氏はこのような一領具足たちの動きにかえって無気味なものを感じたがこれという対策のたてようもない。そうしたところへ本山の東にある豊永の五郎右衛門というものが、事件取しずめの仕事を引きうけようと買って出た。五郎右衛門は阿波三好氏の一門小笠原越後守の子孫であるが三好氏が長曽我部に亡ぼされた後豊永に住み一領具足になった。ところが長曽我部氏もまたほろびたので、百姓になって庄屋をつとめていた。才覚のある人で郷党にも山内氏にも信用があった。だから山内氏も事件処理を五郎右衛門に一任した。五郎右衛門はまず年貢取立の割合を少なくし、また今年の年貢未進はもう取立てぬから家へ帰るようにとふれあるいた。するとかくれていた人びとはどこからともなくあらわれてそれぞれの家へかえった。

いかにもよく統制のとれている行動に山内一豊はいよいよ無気味なものを感じ、こういう仲間は根絶しておかぬと大事にいたるだろうと考えた。そこで一策を案じ、浦戸で素人角力大会をひらくことにし、国中にふれて希望者を集めた。これに応じた者の中にはもと一領具足として長曽我部氏に仕え、今は百姓として庄屋などになっている者が多かった。また一揆に加わった者もいた。角力をとるときは裸で丸腰である。一網打尽に容疑者を捕えて浦戸の牢屋につなぎ、その中七〇余人をはりつけにした。これを牢中にあって聞いた者ははりつけにされることを恥じていずれも自殺したといわれる。さらにそれら処刑された者の家族も幼少の者を除いてみな殺しにし、住家は火をかけて焼いたという。

本山へは後に野中兼山が封地を与えられて初めて平和な日が来るのであるが、それまではもとの一領具足たちのたえざる反抗があって山内氏は手をやいたのであった。土佐にはイゴッソウという方言がある。意地っぱりで我のつよい人のことをいうが、そのイゴッソウという言葉は一領具足の訛ったものという。

寺川郷談

本山からさらに吉野川をさかのぼって、源にあたるところに寺川という在所がある。四キロ四方ほどのところに三、四軒ずつ人家が分散していて、みなあわせても一七軒ほどの在所である。そんなさびしい所ではあったが、伊予の国と境を接しているために番所がおかれ、高知の城下から武士が番人としてやって来て常駐していた。宝暦元年（一七五一）四月その番人としてこの地にやって来た武士が山中の風俗のかわっていることに心をひかれて書きとめた『寺川郷談』という書物はわれわれが今読んでも興の深いものである。その中に木盗人の記事がある。寺川は人煙まれな山中のこととて大きな木が茂っている。山一つ北へ越えた伊予の側は人家が多く、山の大きな木はほとんど伐られているので、人目をぬすんでは土佐領の山林へ木をぬすみに来る。土佐領の百姓たちはその材木泥棒を見張り、撃退しなければならなかった。寛保二年（一七四二）頃のことであった。寺川の西南の名野川というところへは二、三日に一度、あるいは一夜のうちに三、四カ所にわたって、三人五人の盗人の来ないことはなかった。ある日一〇人ほどの者が山越えにやって来るのを遠見小屋の下番が見つけて、番所まで知らせて来た。そこで番所では百姓たち一四、五人に集ってもらい、現地へかけつけた。百姓たちは皆鉄砲を持っている。夜中のこととて道は真暗だが火をともすこともできない。先頭をゆく男は腰に縄をまきつけ、後からゆく者はそれにつかまって道をふみはずさないようについてゆく。そして夜の白みはじめる頃現場についた。見ると火をともして木を伐っている。伐ったものをさらに長さ二メートルほどに伐り、皮を削り落し、背負われるようにしている。仕事はもう一通り終ったところで、仲間は車座になって食事をした。それが終ると木を背負い松明をともして谷川にかけた石橋をわたっていった。その先頭の男をねらって鉄砲巧者の者がズドンとうつと、男はまっさかさまに川へおちた。あわてた仲間は火を消し、板や材木を捨て、斧を捨ててにげていった。

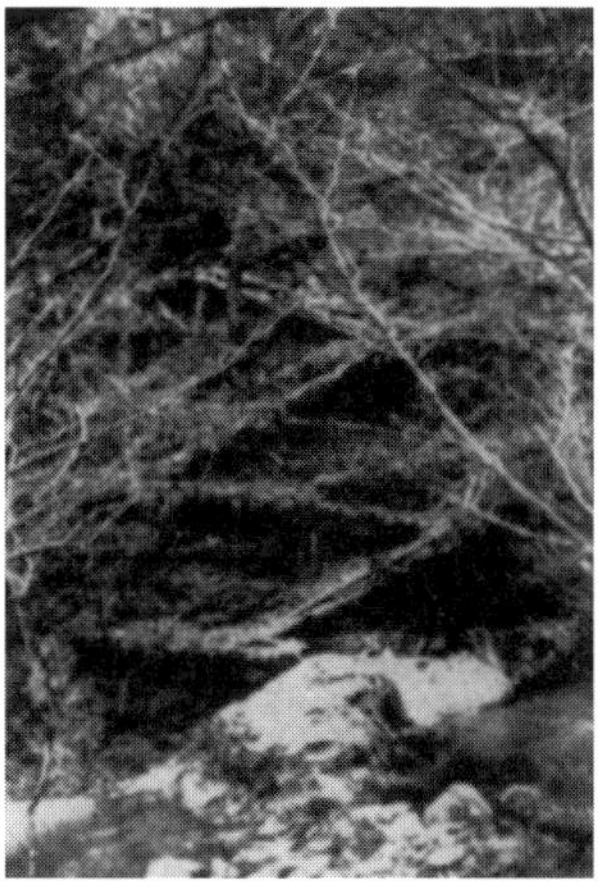

寺川への道

国境の村の百姓たちは山の木を守るためにいつもこうした防衛手段をとっていたようで、寺川には盗人の耳をそいで埋めた耳塚というのがあった。

盗人といったところで盗人を職業にしている人たちではない。おなじような百姓の仲間なのだが、伊予側にはよい木がないために人目をかすめてぬすみに来るのである。

「松山・西条領の者毎々山へ忍び入り、桧を盗みとるゆえ、公儀より境目一里二里ずつに一ヵ所ずつ山守番所をおく。さて盗人は昼間から忍び入り、木を見立てておいて、夜に入ると火をあかし桧を伐り、厚板にして、夜明けに境目をこえて自分の領内に引きあげるのだが、こちら側の番人もぬかりなく、山中に火のともるところを見ればそこで盗み伐りしていることがわかるので、村人をくり出して討ちとることがしばしばで、山中には討たれた者の墓も数々あり、耳塚も三ヵ所ある」

と『寺川郷談』には記されてある。平和であるべき山中も、そこが国境に接しておれば、このような悲惨な事件がくりかえされていたのである。

4　吉野・熊野

吉野の奥

山の奥に住む者がどういう暮しをたてているか。どういう人生があるかということについて里に住む者の中には深い関心を持っている者が少なくなかった。何故なら山中の民は不思議な底知れぬ力を持っていたし、これと争うようなことがあると、いつまでもその生活をおびやかされるようなことも少なくなかったからである。ことに吉野山中に住んでいた人たちの持つエネルギーというかバイタリティというか、全くすさまじいものがあった。

吉野山の南につづく山上岳の連峯は昔から山伏修行の霊地として知られ、山を崇拝する人たちが全国から集って来てこの山中で修行し、また全国へ散っていった。

山林が道場として利用されるようになったのは八世紀の中頃、すなわち奈良時代のことであったようだ。天平宝字二年（七五八）の詔勅に天下諸国の山林に隠れて修行する者があれば一〇年以上に及ぶものは皆得度せしめよといっている。山林修行がこの頃から政府によってみとめられたのであるが、その聖地として大きく登場して来たのが吉野奥の山々であったし、最澄が比叡山をひらき、空海が高野山・高雄山・槇尾山などをひらいたのもまた山林聖地での瞑想修行が宗教者として効果が大きいこ

吉野奥の村

とを認めたからであろう。そしてしかも吉野の奥はそれ以前から聖地としてまた人の魂の帰りゆくところとして尊ばれていたことが、山岳仏教の流行と結びついて、世人から大きく注目せられることになった。これにはまた寛平七年（八九五）に大峯山の頂上に寺を建てた聖宝理源大師の先駆的な行動を見のがすことはできない。聖宝は山岳で修行することによって霊力を身につけ、数々の不思議な霊力を人に示したといわれ、それが山林修行をさらに流行せしめるようになったといわれる。

その修行の場となった大峯連峯の東側には川上・北山の谷が横たわり、西には十津川の谷が南北に深くくい込んでいた。これらの谷は交通をはばむほどの峡谷をなしていたが、峡谷の上や枝谷にはやや平らな所が多く、そこには早くから人が住みついて生活をたてていた。その生業とするものは山を焼いてヒエ・アワ・ソバのようなものを作り、また曲物や刳り物などを作ってこれを吉野川流域の里まで背負い出し、里で生産する物資と交換していた。江戸時代になると材木を伐って川に流し、これを江戸や大阪に送り、また酒樽の素材である樽丸を生産し、山中といえども活気のある村々を作った。つまり他の地方の山村とは違って山中とはいいながらすぐれた情報網を持ち、時勢と共に生きて来たのであった。

後南朝

たとえば、一四世紀南北朝の頃には吉野に南朝の皇居がおかれ、不利な地によりながら五、六〇年にわたる長い抗争をつづけたのも、その背後の山村民の協力が大きかったためであり、彼らはまた全国に及ぶ情報網を利用して各地の同志と結合して北朝の大きな勢力にゆさぶりをかけたのであった。しかも元中九年（一三九二）に南北朝が合一してから後、足利幕府が約束を破って後亀山天皇の系統を帝位につけず、北朝系の称光天皇を帝位につけたことから南朝の遺臣はこれに反対し、後亀山の孫にあたる小倉宮を奉じて伊勢に拠り、後日帝位につくことを条件に和睦している。しかし、これもまた裏切られることになるのだが、そのまえ足利家を嗣ぐべき大覚寺義昭が足利義教とその地位を争って敗れると、大和天ノ川の郷民らは義昭を奉じて義教に対抗することになる。永享九年（一四三七）のことであった。この義昭擁立はかならずしも成功せず、天ノ川軍は足利軍に敗れ、義昭は遠く日向の串間の郷にのがれそこで死んだ。

天ノ川

ついで嘉吉三年（一四四三）には南朝方の源尊秀・日野有光らが京都宮廷に押し入って神璽をうばい吉野川上の奥地高原にこもり、円満院宮を立てて南朝の新帝と称して京都に対抗することになる。円満院宮が戦死すると、その弟万寿寺宮空因があとをつぎ、さらにその子尊秀が後をついで自天王といった。その間御座所は転々としてかわったが、北山村神之谷の河野御所にいるとき、北朝方の赤松満祐の遺臣に襲撃されて、神璽は奪いかえされてしまう。時に長禄元年（一四五七）一二月二日のことであった。このようにして後南朝はわずか一四年にしてほろびてしまうのだが、これを南朝の始められた延元元年（一三三六）から数えれば一二一年の長きにわたっており、その抗争が如何に執拗なものであったかがわかる。

北山一揆

吉野山中の人びとは時勢をよく見つめていたが、しかし、その時勢に順応したのではなかった。いつもその時勢に対して抵抗の姿勢をとっていた。

そしてその抵抗の最もすさまじく、またそのことによって山民としてのあふれるエネルギーをつみとられてしまったのは慶長一九年（一六一四）一二月北山一揆であった。この一揆については『北山一揆物語』という記録が残されている。それによると、吉野の奥の村々は守護に属することもなく、また荘園も成立していなかったので、領主もいなかった。そしてそこには木工や荷持ちを業とし、山岳を信仰する山伏の徒が大峯を一つの中軸として生活をたてていた。大峯の南には熊野があり、西には高野山があり、高野に参った者は十津川山中の道を熊野へ詣でる者が多く、大峯に登った者は天ノ川・野迫川の谷を経て高野山に詣でる者が多かった。この山中の道は細くけわしかったから、道案内や荷持ちなどの仕事が昔から多かった。

大峯の東の谷はその中央に伯母峯峠があって、吉野川流域と北山川流域を分っていたが、その道は大和盆地と熊野を結ぶものとして重要な役割をはたしていた。

大峯を修行所として最初にひらいたのは役小角で七世紀初頭の頃であるといわれているが、そのとき五人の者がつき従った。これを五鬼といったがそのうちの善鬼はもっともすぐれており、北山谷のうち大日岳の東側に住み、山中の居住としては最も高いところにあり、北山谷に対して威を張っていた。そして善鬼の住んだところから、そこを善鬼というようになり、慶長の頃この地に津久という勢力のある山伏が住んでいた。

役小角（役行者）像（冷泉為恭画）

慶長一九年は大阪冬の陣の起った年である。豊臣家を亡ぼそうとして徳川家康が大阪に兵を進めて戦ったが戦利があがらず、一たん和睦することになった。

この戦の起る前に大阪方の大野道犬斎が新宮の地士湊総左衛門、

新宮

津守与兵衛らに味方するように要請した。そこで二人は北山山中の郷民を誘った。北山郷民はもともと豊臣氏に好意を寄せている。豊臣秀吉が天正年間に全国的な検地をおこなったとき、吉川平助と同じく三蔵をつかわした。この時から北山と豊臣家との関係は生じた。秀吉は検地後この地に藤堂佐渡と羽田長門を代官として派遣したが、藤堂佐渡は後に朝鮮征伐にいったため、堀之内安房を代官にした。

一方十津川の谷は大和郡山嶺となり、郡山の領主は豊臣秀吉の弟秀長であったから、吉野奥の村々は豊臣家と深い関係を持つようになったのは当然のことであり、戦争がおこるについて豊臣家からさそわれれば、その要請にこたえるのは当然のことであったといっていい。

まず大阪方にさそわれるままに北山谷河合村の山室という者がこれに乗り、一族を語らって一揆をおこす計画をたてた。善鬼の津久もまた山室と事を謀り、そのほか堀内将監・中村・小中などという土豪も仲間に加わることになった。これらは皆五鬼の子孫ということになっている。山室・津久はそれから大阪に出て打合わせをして北山に帰り、村々の仲間をくどいて一揆を組織していった。

この頃紀伊の領主は浅野長晟で、和歌山に城をかまえていたが、大阪城攻略のために出陣していた。

そして新宮城主浅野幸長も長晟の軍に加わって大阪にいたのである。したがって紀伊は無防備のままになっていた。そこで北山軍は新宮城だけでなく和歌山城も攻略する計画をたて、日高・有田郡の山中の民にも働きかけ、山口喜内、広の知森、財部の兵衛らが和歌山城を襲う手筈をきめた。

本宮付近

新宮城攻略の大将は善鬼の津久である。そして郷民のうち弁舌もたち、仲間を指図する力のある者を頭分にし、もし新宮城乗取に成功すれば、その領域内の山林田畑を手柄をたてた者に分配するであろうと公示した。このことによって山中の民はすべて津久に従うことになり、一揆三〇〇〇人は一二月四日新宮へ討って出たのであった。ところがこのことを前知して新宮へ通報する者があったので、新宮城代戸田六左衛門はこの通報をうけると直ちに防備の体勢をとった。まず新宮の東を流れる熊野川の対岸即ち左岸にある尾呂志、相野へ青木小兵衛を頭に元気な者四、五〇人を従わせ、鉄砲を以て追い払うことを考えた。しかし一揆の人数は想像をはるかにこえる大勢であり、鉄砲隊は押しまくられて新宮への退却を余儀なくされた。一揆は熊野川の左岸一帯を占領し公儀の倉をひらいて米を放出して食料にあて、また斥候を鮒田に派遣して新宮の様子をうかがわせた。ところが鮒田には新宮方の斥候もひそんでいて、北山方の者が夜に入って民家に宿をとるのを見定めると夜半にこれをおそって斬殺した。これを知った北山方は鮒田の支配者西庄七と鈴木勘七を呼び出して詰問したが、二人は巧みに言いのがれ、北山方に協力することを誓って村に帰り、ひそかに一家をまとめて山中にかくれた。

一揆の鎮圧

一方新宮方は北山方が鮒田の者の取調べにゴタゴタしている間にひそかに兵をやって鮒田の民家を一戸残らず焼き払ってしまった。ここが渡河点に利用されるおそれがあったからである。北山方が鮒田まで押し寄せて見ると、村はすでに焼けおちており、人一人居なかった。川舟も勿論一艘も見かけることができなかった。付近の村の者もみな山中に逃亡して、もぬけの殻であった。川を距てた新宮側を見ると川岸には逆茂木をたてならべ、川をわたっても上陸はむずかしい状態になっていた。そこで両軍は川をはさんで鉄砲の撃ちあいをしたが戦果はあがらなかった。当時の鉄砲は火薬の力も弱く、筒先から玉をこめる式で玉もそれほど遠くまではとばなかった。

新宮側は急な出来ごとで何彼につけて防備に手ぬかりがあり、戦に参加し得る者も少なく、北山方が川を渡って押し寄せてくれば忽ち潰走せざるを得ないような状態だったので、新宮城では町民を徴発して人形をたくさん作らせ、これを樹間に立てならべて、その間を人を行き来させて大ぜいが川岸を守っているように見せかけた。

新宮に浄円切という山伏寺があった。その女房は勝気な女で河原に駈け出てそこにいる者たちに呼びかけ、竹藪に入って竹百本あまりを伐らせて、この竹に紙を張って河原に立てならべ、あたかも竹藪の中に人がひそんでいるように見せかけ、また味方に向っては

「敵を一人でも川を越させるようなことがあったら皆舌をかみ切って死ね」

と叫んで士気をふるいたたせた。そのすさまじさに皆舌をまいた。

戸田六左衛門は新宮城を出て成林寺という寺に入った。町人は逃げる者は逃げ、防衛にあたるものは当り、皆ひっそりと息をつめて、次の行動開始を待っていた。新宮側にとって有利だったのは川船の悉くをまず押え、船に石をのせて河底に沈め、北山方の渡河の手段を封鎖してしまっていたことにあった。そして北山方がにわかに渡河することのできないのを見定めると、成林寺の住職と碁を囲んで一揆の情報を聞きつつ、時をかせぎ、味方の方から敵を挑発するような行動は一切避けさせた。

その夜のことである。戸田の家来榎本太郎右衛門は戸田に向って

「このまま時をすごしていると敵はかならず軍議をひらいて作戦をねり、船を利用しないで一斉渡河をはじめるかもわからない。そうなると味方の方は小人数だから防ぎようがなくなる。そこで決死隊を組織して対岸にわたって敵陣を撹乱する必要があるのではないか」

といって許可を求め、町人五、六人と河底に沈めた小舟の一艘を浮上させてそれに乗って対岸にわたった。これを見た味方の者も相ついで川を渡って敵陣に斬り込んだ。不意をつかれた北山方は闇夜のことではあるし、統制のない烏合の衆であったから、忽ち大混乱におち入ってしまった。そして軍の立直しはできなくなっていた。そういうところへ新宮方は相ついで渡河して来、また援軍も追々新宮に到着して漸く気勢が上って来た。その中でも尾鷲の杉野最左衛門が関船で海路をとってかけつけて

くれたのは何よりも大きな助けになった。この船には百挺の鉄砲が積んであり、彼らは熊野川左岸の深谷に上陸し、北山方先鋒軍の背後にまわって山林に火を放った。一二月の天気つづきの乾燥しきったときで、山林はたちまち火の海となり、その煙は先鋒軍を包んだ。先鋒軍は混乱のうちに退却せざるを得なかった。

そのとき北山方の本隊は先鋒軍から八キロはなれた大里に夜営しており、一夜あけて新宮に進発すべく、総大将津久は山駕篭に乗って、大里を出た。そうしたところへ敗走した先鋒軍がやって来、新宮軍の来襲をつげた。すると駕篭かきどもは仰天して津久を駕篭のままおっぽり出して逃亡した。もう一揆軍には何の秩序もなかった。皆思い思いに山中へ敗走していったのだが谷は深く道はせまい。三千人が逃げ出すには道一本ではどうしようもなく、皆道をそれて山の中を押しわけて、自分の村の方向を目ざして逃走していった。

北山に一揆起るとの報が新宮へ伝わると、戸田六左衛門は急使を和泉にいる浅野長晟に送った。長晟は時をおかず侍大将熊沢兵庫に兵をさずけて新宮に急行させた。兵庫は和泉から高野奥を通って山中を急行し、新宮と北山をつなぐ道の中間にある小川に討って出た。ちょうど津久の軍が北山へ向って敗走しているところであった。直ちに津久の軍に追い討ちをかけ津久に手疵をおわせて首を討ちとった。一説には津久は虎口をのがれて一たん北山へ帰ったが敵方充満のために善鬼には帰ることができず、大峯の近くの仙台というところで餓死したと伝えられる。神通力を持っていたはずの山伏の棟梁津久の死はあまりにもあっけなくみじめなものであった。

山中の民はそのきびしい自然の中に生き、飛鳥、ましらの如く山中を横行し、体力も頑健で、里人には想像もつかないような能力を持っていると考えられ、彼らもまたそれを自負していたのであるが、それが訓練された武士の軍に対して一たまりもなかったということは山中の民にとっては驚異であり、神通力の喪失は同時に自信喪失へとつながった。

それればかりではなく、もっとおそろしい現実が彼等の目前にせまっていた。大阪城冬の陣は大阪方の鞏固な防衛のために関東方は歯ぶしが立たず、慶長一九年一二月、年の瀬も押しつまって和議が成立した。そこで出征軍はそれぞれその自領に引きあげることになり、浅野長晟も和歌山へ帰城し、浅野右近も新宮城へ帰って来た。長晟は和歌山に帰るとすぐ北山の村々の焼払いを命じた。そしてもしこれに反抗する者があれば斬り取らせることにし、一揆に加担した者が見つかれば容赦することなく死刑を命じた。これは和歌山領の北山すなわち今日の南牟婁郡一帯の山中に対してのものであったが、大和領の北山も幕府に請うて和歌山領北山と同様に取扱うことにし、先手の大将に右近太夫と熊沢兵庫を任命した。右近太夫と兵庫は兵を整えて尾呂志（南牟婁郡御浜町）に入って尾呂志の村々を焼き、さらにそこから北上して、北山谷の村々を一戸残らず火をかけて進軍した。そしてこれに抵抗する者は捕えてその場で惨殺したのである。それは全く残酷をきわめたもので、座して見るにしのびず、身を破滅に追いやるものと知りつつ、かえって民衆は抵抗を強めていった。それは討伐軍にとっては思う壺であったかもわからない。かえって住民を皆殺しにする口実ができるからである。

北山川をさかのぼって瀞八丁よりさらに上流に峡谷を辿ると谷がややひらけた大沼《おおの》（和歌山県東牟婁郡北山村）という村がある。この村の人たちは道の側の急崖の上の木を伐りそれを細縄でくくっておいて、討伐軍が通りかかったら大木をおとして人びとを微塵にしようとはかった。しかし討伐軍は前以てその事を察知し、大沼の東側から川を渡って大沼にせまった。大将の兵庫は馬に乗り、小者は馬の尻尾につかまって川をわたったという。そして大沼へ鉄砲を撃ちかけた。

川を渡ったところに五〇歳ばかりの夫婦者が住んでいた。兵庫はその挙動があやしいので「何者か」と聞いた。すると「木ノ室」と答えたが殺気を感じたのでいきなり相手にとびかかって組み伏せようとした。ところが兵庫は甲冑をつけており、相手は身軽で、かえって兵庫がくみしかれ、手に持った松割庖丁で甲の上をたたき、兵庫はまさに殺されようとしていた。そのとき兵庫の家来が来て、男に後から斬りつけてその首をとった。さて木ノ室というのは出鱈目で、本名は山室鬼助といい、北山一揆の発頭人の一人だった。

山民斬殺

もともと北山の民は新しい領主となった浅野氏に対して、快くは思っていなかった。北山の民は大峯・熊野などの山岳信仰に生き、山仕事をして来た。そして領主などというものは持たず無主無従の地であった。それが領主として、山中の民を事毎に束縛するようになった。城主が大阪へ出陣するにあたっても、村々の庄屋の妻子を人質にとり、城内に小屋を作ってそこにおき、人質部屋の棟毎にその端に歯朶を山のように積みあげ、もし山中の民が一揆を起して新宮を襲うようなことがあれば焼き殺してしまうとおどしていたのである。

いま一揆に参加した村々について見ると、大和領の村名は記録されたものがないのでよくわからないけれど、善鬼の津久が首謀であったことを見ると、この一揆に参加していたことが推定され、浅野領についてみると、尾呂志組（三重県南牟婁郡御浜町）の阪本・上野・川瀬・栗須・片川・天ノ川、入鹿組（南牟婁郡紀和町）のうち丸山・大栗須・小栗須・板屋・玉置口、北山郷のうち、赤木・長尾・平谷・小森（以上紀和町）、長井・尾川・粉所・赤倉・長原・神ノ上・柳谷・大井谷・桃崎・寺谷・和田・小阪（以上熊野市）、小松・下尾井・大沼・竹原《たから》（以上和歌山県東牟婁郡北山村）などであり、浅野領で捕えられて殺された者が三六三人にのぼったといわれ、一村で十人あまりは斬殺されたことになる。ということはほとんどの戸主が殺されたと見られ、山村の荒廃のさまを想像することができる。

このほかに一村から二人三人ずつ一揆に参加した者もあり、そうした村名のわかっているものをあげてみると高岡・平尾井・板松原・桧枝・敷尾・大里・高田・小坂・竹原・浅里・大川内・和気・泊・周参見などときわめて広範囲にわたっており、浅野の新宮領の大半が動いており、その初め戸田六左衛門が処置をあやまったとしたら、おそらく新宮城は占領されていたであろうと思われるほどの規模の大きいものであった。

日高・有田一揆

しかもこの一揆は新宮領だけでなく、和歌山領の日高・有田・名草の各郡にもおよび、きわめて広汎なものとなったのであるが、この方は北山一揆と同時に起ったものではなく、慶長二〇年（一六一五）四月二九日におこったもので、大阪夏の陣を契機におこされたものである。家康が大阪城攻撃を再開したのは慶長二〇年四月で、浅野長晟はまた和泉に出陣した。その隙をねらって和歌山城乗取を計画し、日高郡のうち高家・小中・小池・志賀・財部の五ヵ村（現在日高町）、湯川（御坊市）、有田郡のうち湯浅（現湯浅町）、広之内・柳瀬（現広川町）、名草郡のうち和佐・山口・河辺・西・永穂・市小路（現和歌山市）、那賀郡矢田村、伊都郡丁ノ町などからも参加があり、二千人が動いたのであるが、所詮は統一のとれない烏合の衆で、忽ちのうちに浅野軍に蹴散らされ、その首謀者たちは捕えられていずれも首を斬られ、その数は四四二人にのぼったといわれる。

これは山中の一揆ではなかった。しかし北山の山民と深いつながりを持ち、冬の陣のとき同時蜂起が計画されていたようであるが、情報連絡が十分でなかったために蜂起がおくれた。

一揆の後始末

さて一揆の後始末がどんなに陰惨なものであったかは、斬殺された者の数からもうかがわれるが、そのほかにいくつもエピソードがのこされている。

まず北山一揆の後始末について見ると、伊勢安濃津の城主藤堂高虎は熊野奥の北出郷との境の赤木村に、一揆を押えるためといってにわかに城を作った。そして北山の村々の者のうち一揆に加担した

有田付近

と思われる人びとを名指しで、城ができたから拝見に来て祝儀をのべよと廻文を出した。村の方では一揆に関係のない高虎からの招待であるから何らの警戒もしないで城拝見に出かけていった。すると城の玄関の遠の間へ導かれて、そこで待たされた。そこへ武士が出て来て一人ずつ名前をよび「奥へ通りませ」という。百姓たちはうやうやしく奥へ通っていくと、そこには捕手が待っていて一人一人を捕え縄をかけた。このようにして一人残らず捕えて赤木村と大乗須村の境にあるタヒラコという所で首を斬り、さらしものにした。

新宮方の処置はさらにきびしいものであったことはさきにも書いた。そして疑わしいものは片端から捕えて熊野川の川口、新宮の対岸にあたる鵜殿河原で首を斬ってさらしものにした。これは掃蕩戦のとき斬首された三六三人のほかのようである。

こうして首を斬られた者の中に丸山村（現紀和町）の中《なか》という男がいた。一揆のときは一方の大将をつとめていたが、敗戦とともに大阪にのがれ、城にこもる堀内大学という者の触状をもらって、再起をはかるべくもう一度北山へ戻って来た。しかし帰って見ると村は焼き払われ、村人は皆山中にかくれ、村の中には村人は一人もおらず捕り方だけが居た。だから容易に捕手につかまり斬られてしまった。その上その親の八郎右衛門の山中の居所もさがしあてられて首を斬られた。また高岡村（三重県南牟婁郡紀宝町）の清七郎は一揆の道案内をしていたが、敗戦のどさくさにどこかへ姿を消してしまった。すると新宮方は清七郎のかわりにその妻子を捕えて斬ってしまった。

大阪城に立て籠っている堀内大学は神上《こうのかみ》村の者であった。堀内が大阪城から地元に連絡をとり一揆を指図していたことが新宮方に知れると、村に残っている母と子を捕えて斬った。このようにして一揆に参加した村々は焼き払われたばかりでなく、山中にかくれていた者が出て来るたびに捕えられて斬られ、北山の山中には男の成人をほとんど見かけなくなったと伝えられる。

杣役

さて一揆もおちつき、大阪夏の陣も終って、年号も元和元年（一六一五）と改まり、戦乱の後始末も進められてゆく中で、北山一揆も根本的な解決をつけねばならないとして、幕府は小野宗左衛門を大和吉野に派遣した。小野が下市まで来ると、いままで山中にかくれていた者が群をなして下市に来、自分たちは一揆に加担した者ではないのだから、北山へ帰ることをゆるしていただきたいと願い出た。上使の一行が半信半疑で上市から川上を通り、伯母峯をこえて北山谷に入ってみると、村々は焼かれ、人一人見かけることができなかった。まさに死の山村と化していたのである。このようにひどい殺戮がまたとあろうか。上使もあわれに思って山中にかくれている者の帰住をゆるし、杣仕事にいそしむよう命じ、上北山村の西野には一九挺、小瀬杤本には二四挺、河合には二三挺、白川には三四挺の斧を使用することをゆるし、材木の上納で年貢にかえることにした。そしてこの一〇〇人の者は昔の郷士としての資格を認められ帯刀と鉄砲をゆるされた。杣役はその後二二三人にふやされた。また池原には陣屋がおかれ、幕府直轄地として統治されることになった。

浅野領の方でも新しい統治策をたてねばならなかったので、元和元年一〇月に田原伝右衛門、湯川五兵衛が出向して、木之本の庄屋たちを通じて山中に住む鉄砲打ちの腕ききを届け出させた。すると木之本付近の山村や海村から届け出る者が相ついだので、二〇人をえらんで鉄砲衆に命じ、棟役一軒分を免じ、高五石を与えられた。しかし武士としてはみとめられなかったのである。棟役というのは百姓が材木や加子米の納入を割りあてられているもので、それを免ぜられることは一つの特権であった。このようにしてこの山中の人たちはそれ以後杣仕事を業とするようになり、大峯・熊野の信仰集団からははなれていって、ただの百姓になったのであるが、耕地の乏しいところで杣仕事だけにたよって生きていくことは容易ではなかった。だがもう強大な権力に反抗する力はすっかり失ってしまっていた。

一揆で利益をうけた人びと

それではこの山中の民はみな一様に悲惨な道をあるいたかというとそうではなかった。一揆に加担しないで逆に利益を得た人びともいた。もともとこの一揆のおこされた背景には大峯・熊野の山伏がいて主導権をにぎっていた。善鬼の津久が総大将になったのもそのためであった。大峯山伏に対して熊野山伏の本拠は本宮にあった。ところがこの一揆に際して本宮山伏は二つに割れた。社家梅之坊、赤坂大炊之助、池穴伊豆らは大阪に味方したが、坂本大尉、竹坊大蔵などは浅野方についた。また那智山実方院の家臣清水紋善坊も浅野方についた。これらの人びとは大阪方に味方した者の情報を浅野方に密告した。そのこ

熊野本宮

とによって浅野方は事前に手を打つことができたし、また一揆に加担した首謀者たちについてもくわしく知ることができた。そのまま本宮一﨟職であった坂本八郎右衛門はひそかに浅野方に味方する者の連判状をつくり、また人質を送って忠誠を誓ったが、一揆方はこれに気付かなかった。こうしたことによって浅野方はすべて有利な条件で事件にたち向うことができた。そして一揆後は一揆に加担した者の屋敷家財をもらいうけ、大きく発展して来るのである。その代表的な例は竹坊大蔵である。大蔵は楠木氏の子孫だと称していたが明らかな証拠はない。ただ時勢を見る眼があってひそかに浅野方について一揆鎮圧をたすけ、梅之坊のあとをもらい、ついで代々将軍家の宿坊をつとめることになり、また七年毎に江戸にのぼって時服を与えられ、そのほか年々一五両の下賜があって、本宮山伏としては大きな勢力を持つことになる。

北山谷をあるいて見ると後南朝についての話を聞くことは多い。河合から東北への谷間をさかのぼった小俣には北山宮をまつった北山神社や北山宮の墓もある。この宮を守りつづけたことを土地の人は誇りに思っている。

しかしその後におこった北山一揆のように山中の生活を根本的に、かえてしまうような大事件についての伝承はほとんど残っていない。いやなことは忘れようとする人間の努力の結果であろうか。そして山中には古くから今日まで曆すらないような平凡平和な日々が続き、外の世界ともほとんど往来を断ち、いわゆる武陵桃源の世界に生きて来たようにみずからも信じ、人にも信じさせようとして来ているが、山中の世界はそれほど単純平凡ではなく、実は波乱にみちたものであった。

そして以上見て来たような山村の悲劇は実は各地にみられたのである。そしてしかもそれを里に住む人の多くは気つかず、むしろ山の彼方には幸福の世界があるように夢みていた。

5　平家谷

安徳天皇の行方

山の中をあるいているとよく耳にするのは平家の落人の話である。それがどの程度まで真実であろうか。はっきりした根拠や証拠のあるものはきわめて少ない。壇ノ浦の戦に全滅して、忽然として歴史の上から姿を消してしまった平氏一門に対してそんなに一挙に姿を消してしまうなどということは考えられないというのが、後世の人の率直な疑問であり、またその疑問に答えるような形で伝説を作り出していった遊行僧たちの作意によるものも少なくなかったと考える。

壇ノ浦で死んだと見せかけて、実は身代りを死なせてみずからは生きて落ちのびていったという空想は、そのさきにいろいろの花を咲かせた。安徳天皇も二位尼に抱かれて入水したと『平家物語』にはあるが、実は助けられて、落ちのびていったといい、しかもその落ちのびさきが方々にあって、身一つである天皇が、西は対馬の久根田舎、南は薩摩の硫黄島、そして中国地方では伯耆国東伯郡中津、近畿地方では摂津能勢の山中、四国では高知県高岡郡横倉山などをはじめ一五カ所くらいに陵墓をもっている。一人の人が一五カ所で死んだはずはないのだから、仮にその一つが真実であれば他は皆ウソということになり、あるいはその一つすらも本当とは言えなくなる。

それではいつ頃からそのような伝説が生れて来たのであろうか。このような伝説の生れたのはそれほど遠い昔のことではなさそうで、記録をたどって見ても室町時代に書かれたと思われるものは一つもない。ほとんどが江戸時代の中頃以後のものと見られる。

おなじように平家の一門の者の身をかくしたといわれる多くの土地について見ても、それが真実であると思われるものはいたって少ない。山の中に住んで他の世界ともあまり交流のない生活をしていると、周囲から自然に神秘的に見られるのであろうが、それにはまた一定の条件があった。

人が結婚して子を生み家系を伝えていくには三戸五戸だけの家の結合では不可能である。適当な異性を配偶者にするためには少なくとも五〇戸一〇〇戸の婚姻圏を持たなければならない。それほどの家が圏内にあれば他の地域から妻を迎えたり、嫁にやったりする必要はほとんどなくなる。通婚圏が別になると、そのグループと他との往来はそれほど頻繁ではなくなる。

平家谷といわれるようなところはたいていそのようにして完結した通婚圏を持ったところで、他の地域との通婚の少なかったところである。徳島県祖谷山でも、高知県吾川村でも同じく香美郡物部村でもあるいは熊本県五家荘でもみなおなじようなところであった。

他の地域社会との通婚があれば、おのずからお

土佐山中（横倉山付近）

互が理解しあい里人から神秘がられたり、疑問視されたりするようなことはないはずである。

今一つ、平家落人伝説のあるところにはたいてい水田がひらけていることであった。落人といわれる人たちはたいていは平野の方から山深く入り込んだ人が多かったようで、平野地方に住んでいた頃には皆米を常食にしていた人たちであったかと思う。そして山中に住むようになっても米の味を忘れることなく、水田を開き得るようなところへ定住したものであろう。

平家谷伝説地

平家の残党がおちついたというところは地理的な関係から見ても、その最後の決戦地であった壇ノ浦に近い九州にもっとも多く、とくに鹿児島県の大隅半島から南西諸島は各島にその伝説がのこっている。しかもそこには少しずつ伝説を裏付けるような資料がのこっている。但し、直接にそれを証明するものではなく、鎌倉時代の何らかの文化遺物が残っているので、それをもたらしたものが、平家の残党ではなかったかという推定をしているにとどまる。そうした中で、さきにもあげたが熊本県五家荘、宮崎県米良・椎葉のように甚だ有

大隅大浦

名になっているものもある。

徳島県祖谷山や高知県越知町横倉山についてはもう語るまでもないであろう。

中国地方は鳥取県を除いては比較的少ないのであるが、その中で興をおぼえたのは山口県阿武郡川上村清宗である。今はダムの底に沈んでしまっているが、清宗というところは平宗盛の子清宗がおちて来て住みついたことになっている。清宗は『平家物語』によると壇ノ浦の合戦に父宗盛と共に捕えられ、鎌倉まで義経に連れられて下っていったが、頼朝が義経を鎌倉へ入れないため、やむを得ず、宗盛・清宗を連れて、再び京都へ向って帰って来る途中、近江の篠原で親子の首を斬り、京都の東の洞院の北の獄門の左の樗《あふち》の木にその首をさらしたという。元暦二年（一一八五）六月二日のことであった。その清宗が生きのびて川上村の清宗で生涯を終ったというのである。川上村には平家山という山がある。そこに洞窟があって平家の残党がかくれていた。また清宗の北の佐々連の洞窟にも平家の残党がひそんでいた。あるときその反対側の山に白サギがたくさん来てとまった。それを源氏の白旗かと思って、息をころしてひそみ、ひそかにうかがうとサギであった。平家の者が水を汲みに谷へおりてゆくと、どうしたことか空をとんでいたサギがおちた。それを源氏の追討軍が見つけ、平家の残党が洞窟にかくれていることを知って討伐した。そして平家は

平清宗の墓という

上平村

ほろびたというのであるが、それにもかかわらず清宗・佐々連の住民は平家の子孫だという伝説が今日まで残っている。平家谷の伝説というのはこのような話が少なくない。

また屋島浦から脱走して、熊野にいたって入水したといわれる平維盛は実は入水したのではなく、那智の山中に身をひそめて生涯を終ったという伝説があり、その維盛が山形県宮内町の熊野権現をたて、また新潟県の秋山郷で死んだという伝説もある。

岐阜県の美濃奥から、飛騨へかけても平家落人の伝説は多く、白川郷もその一つとされており、それから北へ下った富山県の上平村や平村も同様の伝説があり、コキリコや麦屋節は平家の落人たちの残した民俗芸能だということになっている。しかし麦屋節の方は歌詞など見ても

　波の屋島をとくのがれ来て薪伐るちよう深山辺に
　烏帽子狩衣脱ぎうち捨てていまは越路の杣刀

などといった風の二六詩形で、その口調も古いものではない。

新潟県の北隅に近い三面《みおもて》はマタギの村として知られている。人里はなれて孤立した村であり、一つの村が狩猟を中心に生活していくにはどれほどの領域を必要とするか、ということを教えられる典型的な山村である。この村が平清盛の弟頼盛がおちついた村だといわれている。そしてその子孫という

小池大炊介の家がある。
日光の北の栗山の谷も平家の余類のかくれたところといわれ、久しく秘境の一つにかぞえられて来ていたが木地物をつくり、狩猟を主として生活して来たところである。そのほか、東北にも平家の落人の子孫だと伝える村は少なくないが、いずれもはっきりした証拠のあるわけではない。ただ里人とは少しずつ違った生活をしていた。すなわち狩を主業とするか木地物をつくるなどしてくらしており、それがしかもかなりの戸数があって別天地を作っていた。そういう村は平家の落人といわずとも、戦にやぶれて山中にのがれ住んだものが多かったのではないかと思う。

坂部の熊谷家

その一例として熊谷家について見よう。天竜川中流、長野県の南端に坂部という所がある。飯田線の車窓から天竜川を距てた急斜面の上にほんのちょっぴり集落が見える。ここが坂部である。坂部は今から六〇〇年あまり前に熊谷直実の子孫の住みついたところである。この家は『熊谷家伝記』という比較的確実な記録を残しているので、いわゆる落人伝説を持つ家がどのように山中に住みついたかを知るのに大変教えられるところがある。

直実は一ノ谷の戦で平敦盛を討って世の無常を感じ、

坂部付近

坂部

高野山に入って僧になったといわれているが、実はアクの強い武士で源平の戦に戦功をたてながら恩賞が少ないので怒って出家したというのが真相のようである。しかしその一族は武蔵や安芸などに所領を与えられて、それぞれを伝承し、その家は長く続いたのであるが、その一族の一人、直実には曽孫にあたる者に直重という者がおり、三河の国に移住した。その子に直方がおり、直方は建武二年(一三三五)一二月、新田義貞に従って手越河原の合戦に出陣して戦死した。直方には直永という弟と常盤という妹がいた。常盤は義貞の妾になって貞直を生んだ。義貞の子であるから新田を名乗るべきであるが、義貞も後には越前の藤島で戦死したために、叔父直永に養われて成長した。貞直は成長してから武士として生きてゆくことに疑問を持ち家来二人を連れて信濃の山中に入り、開墾定住の地をさがし無主無従の地を見つけて住みついた。

二代直常のとき伊勢の国から村松正氏という者がこの地に来て定住を希望したので、直常は今の神原村見遠、向方の地が開墾に適しているだろうとそこをすすめて開かせた。正氏はさらに新野をも開きそこに住みついた。

その正氏をたよって伊勢の国から後藤六郎左衛門という者がやって来て、天竜川筋の福島に住みついた。いずれも武士のくずれで、武士としては成功せず、戦うことに疲れて山中に入ったものである。熊谷家は三代目を直吉といった。正長元年（一四二八）に後をつぎ、今の坂部の土地は山の頂上にあって生活をたてていくには必ずしもよい土地とはいえないが、水があって水田をひらくこともでき、要害の地でもあるのでそこへ移住した。

風越山の合戦

その翌々年の五月のことであった。村の近くの風越山の裏側に煙がほのかに立ちのぼっているのが見えた。この山地にはそれまでほとんど人が住んでおらず、そのあたり一帯の土地は最初にそこに移住した熊谷家のもののように思っていたのに、煙があがっているのはどういうことであろうと人をやって様子を見させると、どこの者とも知れぬ者が山をひらきはじめている。当然熊谷家へ挨拶して然るべきものなのに無断で開くとはけしからぬことに思い、一二人ほどの仲間をやって無断開墾をやめさせようとすると相手は手強《ご》わく抵抗して味方一人は討たれ、他の者は追い返されてしまった。事態は大変重大なので、熊谷家は近隣の大谷、河内などという村の住民に加勢をたのみ四六人の者で風越山の彼方へ押し寄せ

「わが郷を無断でひらくのはけしからん、はやく立ち退け、そうしないと押し寄せて勝負するぞ」

とおどした。すると相手は

「今日は頭は出かけて留守であり、仲間も出かけて残っている人数も少ない。大勢で小勢を追いお

とすのは誇にもなるまい。仲間が戻って来て人数のそろうまで待ってくれ」といった。そこで一同は一まず引きあげることにした。

それから四、五日たったが何の音沙汰もないので遠見の者をやって様子を見させると、三、四〇人の者が峰づたいにやって来る。坂部側も早速三河に分家している者たちの配下をあつめて六〇人あまりの隊を組織し、風越山へ向った。そして開墾方の者たちと合戦におよび、相手方の首二一を討ち取った。味方の方は後藤六郎左衛門の家来の卜部藤内が討死した。今一攻めすれば山賊側の生き残りは一〇人あまりなので全滅させるのもむずかしくない。しかし全滅させて見て無意味なことになる。それよりもそのままとどめておけばさびしい山中をにぎやかにすることができると考えて一まず兵をひくことにした。

しらべてみると、この山賊たちは向方の村松正氏をたずねて来て厄介になっている金田但馬の弟が首領で金田法正といった。すると根からの盗賊ではない。そこで開墾をみとめることにし、後藤六郎左衛門の住む福島に居らせ、後藤とならんで郷主にした。郷主というのは他の地方の名主《みょうしゅ》にあたる。このようにしてこの山中には開墾による郷主が何人も住んでいたが、それらは知りあいとしての交際はしているが、強い連合体を組織してはいなかった。

ところが文安五年（一四四八）に関遠江守盛春という浪人が新野へ来てそこに住む村松兄弟の世話になることになった。この浪人は剣道もでき、胆力もすわっていて、無防備同様のこの山中の村で、防衛係になってもらうにはうってつけの人である。しかし村松兄弟だけでは関盛春を扶持けることはできないので、向方・福島の郷主をはじめ、熊谷家へも関を支持するようにと村松家から要請があった。熊谷家は初めその要請にしたがわなかったが、関氏が次第に勢力を持って来、和知野に城をきずいた。和知野（大下条村）は坂部熊谷家の分家の所有地であったので、熊谷家に対してはその娘を嫁にやって交誼を結んだ。しかし福島郷主の金田善司（法正の後）はこれを快よからず思い、関氏を討つべきだとして坂部熊谷や三河の熊谷分家に対して統一行動をとるように要請して来た。しかし熊谷直光（直吉の孫）は、むしろ関氏を山中各村の防備体制の軸にし山中各村が連合して事にあたるべきことを説き、さらに大谷・市原・河内・湊島などに分家している者たちをも口説いてついに関氏を中心にした山村の連合体を作りあげていく。連合体の特色は自治的な防衛体制をととのえ、またその領域が一つの通婚圏を形成することであった。この地域は周囲の村々からは平家の落人の村と見られて来たところであるが、事実は以上のようないきさつで一種の敗残者の定住したところであった。そしてこれを平家村として見ようとするならば熊谷という家は本来は平家の血をひく者であるから、そういう意味では平家の子孫ともいえるのであった。

さて関という家は天文一三年（一五四四）に大下条氏に攻められて亡んだ。すると郷主たちは大下条氏の下につかなければならなくなり、自主防衛にもとづく自治はくずれて来る。

大下条氏は後に飯田城主菅沼定利にほろぼされ、菅沼氏は武田信玄に討たれ、武田氏の支配に属するようになってからは郷主たちは領主の命に絶対服従を強いられることになっていく。しかし婚姻圏だけは古い範囲のまま残り、長い間秘境として見られて来たのであった。

秘境の人生

多くの平家谷の伝説を持つ村々も平野地方で戦に敗れた人たちが熊谷家のように山中深く入り開墾定住し、同類の者と婚姻圏を形成することによりそれ以外の村々とは比較的接触が少ないままに今日にいたったものもあり、また木地屋や狩猟などを主業としつつ、一般農民とはやや違った生活をしていたために、その人たちとは出自を異にする者と見られて来、山人もまた蔑視を避けるためその出自を誇示しようとする意図を持っており、それをまた裏付けようとする遊行聖たちが居て、これらの伝承が、まことしやかなものになっていったのではないかと思う。

いずれにしても山中には里人には知れないきびしい生活があり、また殺戮がおこなわれていたことはここにあげた例ばかりでなく、実はもっともっと多かったのである。そして山中の居住は決して夢多く平和なものではなかった。

にもかかわらず、里人は山の彼方に幸福の世界を夢みていた。

冬祭

二　山人の道

1　木地屋の話

木地屋の根源地

日本には昔から山を往来する人の群は少なくなかった。そうした中でもその往来の足跡の比較的よくわかっているのは木地屋である。木地屋が近江の愛知郡東小椋村（現在永源寺町）を根拠の地としていることは早く柳田国男先生が眼をつけて「史料としての伝説」というすぐれた論文を書いた。木地屋は全国の山間地帯にいる。小野宮惟喬親王を始祖とし、その下に仕えた小椋太政大臣実秀というものが親王からロクロで椀をひくことを教えられ、その子孫たちがそれを業として全国の山村を遊歴するようになったのだと伝えられている。文書も持ち綸旨の写しなどももっている者が多く、もとはそれをそのまま事実として取り扱った郷土史家も多かったが、全国に散らばったこれらの資料を集めて見ると、事実とは思えない部分が多分にある。しかし偽文書を持って歩かねばならぬような理由が、別に存在したらしいことはそれらの文書を比較してみてわかって来たのである。柳田先生のこの論文に刺戟されて牧野信之助は木地屋の根源地である東小椋村をたずね、そこにある根本史料をさぐった。東小椋村には二つの中心があった。一つは蛭谷といわれるところで、永源寺町の谷奥にありそこに親王の御殿址や墓とよばれるものが残っており、筒井八幡が中心になって氏子組織が組まれていた。今一つは蛭谷からさらに東へ谷をさかのぼった君が畑でこの地では大皇大明神をまつり、それぞれ木地屋根源の地と主張して争いをくりかえしていた。多分はそういうことが原因であったか、いくつかの偽文書を作ってその出自を誇示し、また木地師たちの諸役免除をはかろうとした。これに対し織田信長は諸役免除、豊臣秀吉は商売自由の免許をしている。これらの文書は蛭谷の方にあり、君が畑には柴田勝家の木地屋としての権利を認めた文書が出されている。さらに江戸時代に入ると全国各地に散在する木地職の者からいろいろの名目で寄付を仰いだ「氏子狩帳」が残されており、木地職人が全国にどのように分布しているかをうかがうこともできる。

筒井

このようにして牧野氏によって木地屋根源地の調査がおこなわれたことによって木地屋の組織が明らかになって来る。その後さらに杉本壽氏によって、蛭谷の「氏子狩帳」が検討されて、木地屋の分布地がつきとめられていった。

蛭谷にこのような帳簿が所在するならば君が畑にもあったはずであるとして橋本鉄男氏によって後に五一冊の「氏子狩帳」が発見されることになり、蛭谷のものとともにほぼ全国にわたる木地屋の所在がたしかめられるに至った。

君が畑

君が畑のものは橋本氏によって整理され「木地屋の移住史」第一冊としてまとめられた。

木地職にしたがう者は文字を理解した。そのことが比較的多くの記録をのこすもとになったのであろうが、根元地の帳簿にのこる出先の地域の木地屋にもまた記録などがのこっていて、両者を照合することの可能な場合もあり、移動のために根元史料に見えた土地に居住しなくなっている木地屋も、その移動の経路をたどることのできるものが少なくない。

山中を放浪しつつもこれほど系譜のはっきりしている職人集団は他には見当らないように思う。文化庁では昭和三〇年から三五年にかけて、木地屋が比較的多く住みついている三重・新潟・愛知・岩手・宮城・滋賀・石川・岐阜の八県を調査し、現在まで「滋賀・三重」、「愛知・岐阜」、「新潟・石川」の六県のものが文化庁文化財保護部の編集によって三冊になって公刊されている。宮城・岩手もそのうち公刊されるであろうと思うが、このような調査をはじめ多くの同好の士によって木地屋の全国にわたっての所在とその活動の状況はほぼ明らかになって来たといってよいのではないかと思う。

それではどのようにして木地屋が発生し、全国にまで分布するようになったのであろうか。

近江の杣

橋本氏は正倉院文書の中に愛知の山林が孝謙天皇の御代に東大寺に施入されていることから、この山地がもと良林におおわれていたことに目をつけ、さらに平安初期の愛知郡関係の文書や銘文などに見える住民のほとんどが秦氏であることに注目している。おそらく住民のうち勢力のある者のほとんどが秦氏に属していたのであろう。

秦氏はその先祖を秦の始皇に発するといわれる。秦の始皇は万里の長城をはじめて築いた人であるが秦は治世二〇年に足らずして滅び、その一族は四散した。その系統に属する者が朝鮮の百済に移り、応神天皇の一四年に日本に帰化した。日本では弓月君といった。一二〇県の民をひきいて来たといわれている。これは大きな職業集団であり、各地に分散して養蚕・杣樵などの業にしたがったものと思われ、近江にも多くの者が在住するようになっていた。

近江は古代にあってはその山地を良林におおわれていた。元明天皇によって奈良の都が造営されることになったときも、近江に木材を仰いだことは大きかったと思われる。そのたしかな記録の残っているのは天平宝字六年（七六二）石山寺造営に関するもので、当時東大寺の造営中で、その材木は伊賀や近江で多く採られ、近江には東大寺の杣として甲賀山、田上鎰県山、田上大石山、高島山、立石山が見える。そしてそこには山作所がおかれた。そうした山作所と東大寺の中継地として石山寺は建立されたようである。さて愛知山はおなじ頃東大寺に施入されたのであるから、ここでも多くの杣人が作業したものと思われる。

甲賀山作所（杣）では大きな木が伐られた。その中には東大寺講堂の用材もあった。また桧皮が六二囲とられたというから桧もよく茂っていたと思われるが杉が多かったようである。

次に山作所に勤めた人たちについてみると、案主という役目を勤めた下村主道主も上村主馬養も河内大県の人であり、田上山作所の領（職名）であった三島県主豊明は摂津、玉作造子綿は土佐安芸郡の人、甲賀山作所の領橘守金弓は近江犬上郡の人、足庭山作所の領勝屋主は美濃、秦忌寸足人は山城、弓削宿弥伯万呂は河内若江、木工の勾猪万呂は飛騨、穂積川内は美濃山方郡というように方々から集って来て伐木造材、細工などにしたがっていた。そして秦姓のものも素足人・秦広津・秦九月・秦広万呂などの名を見出す。秦姓の者には工芸の技のすぐれた者が多かったのであろう。そして秦姓のものが東大寺建立後もこの地方の山地に残って木工に従ったか否かは記録にないので明らかではないが、細工物を作る木工たちはなおこの方に多くとどまって作業をつづけていたかと思われる。

東大寺

ということは天平宝字八年（七六四）に藤原仲麻呂が乱をおこして殺された後、孝謙上皇が重祚して称徳天皇となるのであるが、そのとき木彫の三重小塔を一〇〇万基作り、近畿の一〇大寺に寄進している。一口に一〇〇万というけれど、これを作るにはおよそ七年を要したといわれ、工作にあたった木工は四〇〇人をこえた。この小塔は円塔で、いずれもロクロを用いて造ったもので、当時ロクロ挽が盛におこなわれていたことを物語る。

これらの小塔がどこで作られたかが問題であるが、東大寺建立の例からすれば伊賀及び近江の杣ではなかったかと考える。なおこの小塔の寄進された寺は大安寺・元興寺・興福寺・薬師寺・東大寺・西大寺・法隆寺・弘福寺・四天王寺・崇福寺であったが、現在法隆寺にのみ四万基ほど残っている。このようにロクロを使用する木工たちが奈良の近くの山地で働いていたことは、それが信仰関係の造形物を作るだけでなく、生活に必要な椀・膳・盆のようなものをも作ったであろうことは想像に難くない。

と同時に都が奈良から京都へ移っても、供給地はそれほど離れたわけではなく、むしろ水路を利用すれば奈良よりも京都の方が輸送には便利だったわけで近江の杣の木工たちは依然として在来から居住した山地で作業がつづけられたはずである。当時人口の居住密度の高かったのは大和盆地・山城盆地・近江盆地・大阪平野・播州平野などであり、そこでも食用木器の需要は全般的に多かったと見られる。

近江の杣が国家の手からはなれてしまったのは何時頃からかわからないが、国家からはなれると、国家に拘束されることはなくなるはずでその頃から新しい需要地を求めてロクロ工人の移動がはじまったと見てよいのではなかろうか。

その初めは故里をはなれての放浪漂泊にもそれほどの制約はなかったはずだが、食器としての土器・陶器の生産の大きかった尾張地方には食用木器の流行はそれほど盛でなかったと見られる。

会津の木地屋

それが突如として大きな移動をひきおこして来たのは、蒲生氏郷の会津移封に原因するのではないかと思われる。蒲生氏郷は近江にいたが天正一二年（一五八四）伊勢松坂に移封され、さらに天正一八年（一五九〇）会津若松に移された。そのとき近江の木地屋たちを若松に連れて来た。「会津木地屋のあるマケの移住史」（橋本鉄男）によると、

「南会津郡館岩村の菊池氏の系図に菊池重茂は天正一八年（一五九〇）九月蒲生飛驒守松坂少将氏郷が会津に入ったとき供奉して来た。年三八歳であった。そして会津郡長江庄南山田島郷の郡司を勤め、また慶長三年（一五九八）に蒲生秀行が下野の宇都宮に入城のとき、これに従った」

とある。その子の正茂は会津にとどまって上七日町北側に居住を求め、七日町新丁割のあったとき表門口九間の地を申しうけ舎宅を作って移った。壮年の時暦学を好み宣明暦術を発明し、元和六年（一六二〇）売暦を願い出たとある。そのほかの記録によっても蒲生氏郷に従って来た木地屋たちが七日

館岩村八総（木地屋元締の家）

町に住んだ、とある。その初めは町に住んだことがわかる。しかし町に住んだのでは木地の材料が得にくい。そこでよい材料のある山地へ移るようになる。菊池正茂は七日町から間もなく勢至堂峠に近い仁平治山へ移っていった。

針生

『新編会津風土記』にはまた別の説があげてある。

「会津はもと木地挽は少なかったのを天正一八年蒲生家が会津に封せられたとき、近江慈教寺のすすめによって君が畑から木地頭佐藤和泉・同新助と木地挽き五人、慈教寺の三男了性をつれて来、了性を城下の木戸千軒道本光寺の住職にし、木地挽きは七日町におき、会津慶山村で始めて木地を挽き、それより処々に移り、常に山林にいて小屋をかけ、良木がなくなると他山に移り、住所を定めない。その住居を移すのを飛ぶという」

とあり、彼らは会津の山中を転々として渡りあるいたのであった。会津領内で木地屋のいたのは安達太良山西麓の高森・達沢、磐梯山の北麓の桧原村碓子沢、飯豊山の南麓川入・藤巻・弥平四郎も木地屋の定住によって発達した。南会津にも木地屋が定住して発達した村はいくつかある。田島の西の針生、駒止峠の西の大小屋なども二〇〇年前に木地屋が来て定住したという。会津滝原から中山峠をこえて西に下り、谷を北へ分け入ったところにある保城は入小屋から分れて定住したものと、寛永二〇年（一六四三）若松城主として来た保科正之に従って来た信濃高遠の木地師がおり、高遠系の仲間を渡木地とよんでいる。保城の南の八総にも木地師たちが住んだが、これは早く木地挽をやめて太鼓の胴を作るようになった。

木地屋と温泉とコケシ

これらの木地師たちは江戸時代中期以降になると、だんだん周囲へはみ出していくようになる。山の七合目以上の木は木地屋が自由に伐ってよいものだとの伝承があって、彼らは山から山をわたりあるいたのである。

飯豊山の北麓、山形県の岩倉や嶽谷は会津から来た木地屋が住みついていたし、付近の山中には木地屋の住居址がいくつもある。

土湯の木地屋はその西南の高森の木地屋から木地挽をならったといわれる。高森には木地頭佐藤和泉の遠孫彦右衛門が住んでおり、ちょうどその頃、その技術が土湯へうけつがれている。土湯は二本松藩の湯治場として栄えたところで、「土湯百軒飯坂九軒」とよばれ温泉地としてはこの付近ではもっともにぎわい遊女屋もあった。そういうところで盆や椀のような木地物もよく売れたのであろう。この木地屋たちは盆や椀ばかりでなくコケシも作った。

木地師たちが温泉に結びついたのは一つの知恵であったといっていい。温泉に来る湯治客の土産としてコケシを作る。その初めは湯治客が盆や椀を買ってくれる景品としてコケシを湯治客に贈ったものではないかと思う。私も鎌先温泉で弥治郎の木地師の作った景品としてのコケシをもらったことがある。

弥治郎も会津系の木地師が住んでいる。蔵王山の東麓、鎌先温泉のすぐそばにあって、弥治郎の妻女たちはこの温泉へ野菜を売りに来、湯治客へのサービスにランプの使用されているころはランプのホヤをみがいたものであるという。また木地師たちの作った盆や椀も売りに来た。コケシはそんなときに景品として商品にそえられたが、大きなできのよいコケシは売られることもあった。

木地屋の村弥治郎

山形県蔵王温泉の木地屋は明治二一年土湯から来た。ここでも一般の木地物のほかにコケシがつくられた。

宮城県遠刈田温泉のそばの新地も木地師の居住するところで、美しい遠刈田系のコケシの産地として知られているが、これは蔵王高湯の系統をひくもので、もとは土湯から出たものかと思う。

このように繁華な温泉地をたどり、子供たちへの土産としてのコケシを制作しつつ、一方では木地物をひいて生計をたて、その活動領域をひろめていったのであった。しかし会津系の木地師たちは一応蔵王のあたりを北限としたのではなかっただろうか。

仙台市の西方、面白山の東麓にある作並温泉にも木地屋がおり、

川連の木地挽き（椀師製造工程絵図より）

江戸時代には仙台藩の御用木地を挽いていたというが、ここの木地師たちもまたコケシを作った。

宮城県の西北隅に近い鳴子温泉にも仙台藩のお抱え木地師がいた。平家の落人大沼矢左衛門の子孫といわれる人びとであるが、一般木地物を挽くかたわらコケシを作っている。山形県月山の東北麓にある肘折温泉の木地屋はこの鳴子の流れをくむものである。

それから北の秋田県皆瀬町木地山、稲庭川連町の大館・久保、岩手県の花巻、青森県大鰐温泉などにはみな木地師が住んで木地物を挽きつつコケシを作って景品にしたり、土産物として売った。

このように人口稀薄で、したがって販路の狭い木地物を、人の集って来る温泉で売るというのは木地屋の生きる道としてはすぐれたアイデアであり、しかも美しい人形を作って人目をひく手段としたことも高く評価されてよいことではないかと思う。

2 狩人の群

野獣と狩

木地師たちが比較的めぐまれた条件のもとにひろく全国の山地へひろがっていって木器の製造に携わり、それが漆と結びついて漆器工芸を発達せしめたことは今日考えて見ても日本文化の発達に大きな役割をはたしたものとして高い評価を与えられてよいものと思うが、これに対して狩人たちの山中漂泊は目立たないものであった。

狩人の群を東北ではマタギといっている。狩人はもとは全国の山地に広く住んでいたものである。というよりも、われわれは今から二〇〇〇年あまり前までは狩猟や漁撈や自然採取によって生活をたてていたのである。縄文時代というのがそれであった。

縄文時代のあと、稲作を中心にした弥生式時代が来るのであるが、稲作のおこない難い山間地方では依然として狩猟・自然採取の時代がつづいていたはずである。そういう時代がいつ頃まで続いたか明らかではないが、九州南部の熊本県球磨郡の山中では、一三世紀の終り頃まで狩猟時代がつづいていたのではないかと思う。ただ自然採取のほかに焼畑農耕が盛になっていた。

九州の山中はイノシシの多いところで、今でも宮崎県米良村では年間に三〇〇頭もとれているから、

シシ垣（一遍聖人絵伝より）

昔はもっと多くとれ、それが住民の重要な食料になっていたことがわかる。

同様なことは東北日本でも言えることではないかと思う。この地域にはクマとシカ、カモシカが多かった。シカは作物をよく荒すので、山地では農耕はほとんどできなかった。少々のシシ垣を作ってもみな飛びこえた。イノシシもシカも夜山から下って来て畑を荒すことが多いので穀物の実るころには寝ずの番をしなければならなかった。また野獣の出るところにはシシ垣も作られた。鎌倉時代の終り頃の『一遍聖人絵伝』にこのシシ垣が描かれているから、垣を作って野獣を防ぐことは古くからおこなわれており、むしろ昔はそれがいたるところに見られたのではないかと思う。それでも人間はえらいもので、少しずつその生活領域を拡大して、野獣の世界を狭めていった。すると初めは獣肉が主要な食料になるほど獲物があったのが、だんだん減っていって食料としてではなく、作物を荒らす害獣として人間の目にはうつるようになり、またこれを追う人も村人がこぞって出てゆくということは少なくなって、特定の人―狩人がこれに当るようになった。それは一つは鉄砲の発達にあったかと思う。鉄砲ならば多くの場合一発で仕留めることもできた。それ以前は投げ槍か弓が多く用いられた。そのような狩具で獲物をとるには大ぜいの人が参加して、獲物を追い出し、とるのに都合のよいところでとるのが一番よい。すなわち全村民の参加が必要であった。全村民の参加するような狩猟には民衆の大きな移動はなかったと見られる。自分たちの住んでいる村を中心にして、その周囲の何キロかを狩場にして生活をたてるというのが普通だったようで、村民がふえ、また周囲に獲物が少なくなると、他へ移住するか、または親村からはなれたところへ枝村を出す風習が見られた。

マタギの村

青森県下北半島のほぼ真中に畑という村がある。畑はマタギの村であった。畑の付近の山中にはクマが多く、そのクマをとって生活をたてていた。クマノイが高価に売れていたからである。ここを中心にして下北半島全体のクマをとってあるいていたのである。しかし、それだけでは暮しがたたないので、山中の大木を伐り倒し、それで刳船を作って川を下し、川口の川内

畑村

という町でそれを売っていた。後には国有林の山林労務にしたがうようになる。

この畑という部落のマタギたちは何代か前に上北郡の方からやって来た者であるという。上北郡のどこであるかはわからないが、熊を追って、半島を北へ進んで来るうちに畑を見つけたのだが、そのまえに畑から山一つ北へこえた薬研というところへ住みついていたこともあった。そこには温泉があった。よいところではあったが、冬雪の深すぎるのが難点で、畑の方へ多く住むようになった。

その畑から西の方へいった川目というところがある。そこは畑の分村で、今から一八〇年くらい前に畑から分れて四人の狩人が住みついた。これはクマもとったけれど、シカを多くとった。シカの多いところであった。もう鉄砲狩猟時代であったけれども、四人くらいおれば狩をすることができた。それが後に獲物が少なくなると田を作り、また国有林の山林労務にしたがうようになって来る。

秋田・青森地方の山中に分散しているマタギの村はこのようにして移動定住をしたものであろう。秋田県にはいくつかのマタギの村がある。とくに仙北・阿仁地方にはマタギの村が多い。仙北には栗沢・白岩・刺巻・桧木内などがマタギの村であり、その北の阿仁の谷には根子・打当・比立内など多くのマタギ村がある。今は農業や山林の仕事にかかわっているけれども、古くは狩をして各地をあるいた。

マタギの移動

弓や槍の時代には行動半径も広い方ではなかったようだが、鉄砲を用いるようになり、また山村の人口がふえて来るにつれて野獣が減り、同時に小人数で狩ができるようになると遠方への出稼も多くなる。そして今から一四〇年ばかり前には秋田から信濃のあたりまで来ていた。『北越雪譜』を書いてその名を知られた越後の文人鈴木牧之が長野県の北部にある秋山の谷で秋田マタギに逢って話をきいたことが『秋山紀行』に見えている。秋山へやって来ている狩人は二人で、その一人は三〇歳ほどの若者、いかにも勇猛で、背に熊の皮を着、同じ毛の銃卵《どうらん》を前におき、鉄張の大キセルで煙草を吸う。この男は秋田の城下から三里ほど距たった山村のマタギで、秋山へ来たのは主として魚をとるためである。マタギは野獣ばかりでなく川魚もとれば、鳥もとる。秋田仙北郡玉川の鵜飼はマタギたちがおこなっているのである。冬はクマ狩り、夏は鵜飼ということになる。そして秋山へ来ているのは上州草津温泉までの山中をあるいて魚をとり、それを草津温泉に売ることにある。温泉というのは全くの消費地で、そこで湯治しているものは持参の食料のほかはすべて買わねばなら

秋山紀行の絵

ぬ。木地屋が温泉地を求めて定住したように、マタギもにぎやかな温泉地を求めてあるき獲物を売ったのであった。

秋山から草津へは五二キロほど。しかし普通の人たちの往来は思いもよらず、まれに山師が入り込むのみで、あとはマタギの天下であった。マタギたちはそういうところを川伝いに浅瀬をたよりにしてのぼっていく。淵になっているところは川岸の上に道をひらく。崖のところには上から藤蔓をさげておいて、それにすがって上ってゆく。夜は山中に小屋掛して寝る。鍋は二つ三つあればそれでよく、椀は人数ほどあればよい。あとは米と塩さえあればよい。小屋は前に二本のマタギをたて桁をわたし、前は高く後は低く、細木をわたし、大木の皮で屋根を葺く。敷くものは草、副食物はとった魚や獣の肉を食うから決して粗末ではない。蚊はいないが、山中にもかかわらずノミの多いのが困る。

川には岩魚が多く夜は火をたいて網でとり、昼は鉤やヤスなどを用いてとる。とったものを草津温泉へ持っていくと客がいくらでも買ってくれる。

草津の東に入山という村があるが、そこは木地屋の村で刳物・曲物・下駄・枕・天秤棒などを作って生計をたてている。この村は秋山の一般の農家とおなじように夜具がない。そして眠くなると昼間でも勝手に寝る。家内の者の勝手次第である。そして夜半でも目がさめると起き上って仕事を始める。

マタギたちはそうした木地屋の村ともかかわりあいをもっていたのであろう。そして山の中を往来して何の支障もなく生活をたてていたようである。

マタギの村をたずね、マタギたちと生活をともにして、その生活を記録した戸川幸夫の『マタギ』（新潮社）は名著であるが、その中に昭和三〇年早春マタギ宿へとまったことが記されている。場所は宮城県の七ガ宿村の秋田屋という家。その家は昔は秋田の殿様の本陣をつとめていたが、殿様の参観交代がなくなって本陣をやめ、旅館業もやめて、今は小さな店を出している。そこへ戸川さんはとめてもらおうとしていったのだが、マタギの人ならわかっているが東京の人ならわからないといってどうしてもとめようとしない。そのとき、そこにとまっていたマタギたちはいろいろと口添えしてくれたが、マタギでないからダメだという。それをマタギの頭が

「この人はマタギと同じで山言葉も知っているし、作法も知っている」

といったら、納得してやっととめてくれたという。マタギに対する信頼、連帯感の強いことがそれによってうかがわれるのであるが、マタギたちの行く先々にはそういう人たちがいて、そこをたよりにしつつ旅をつづけていた。そしておのずからマタギたちの通る道もきまっていた。

このような渡りマタギたちが、時に大きな獲物を見つけ、小人数では獲物を仕留めることができないような場合には、その地方に住んでいるマタギに声をかけて仲間になってもらって狩倉を巻いた。すなわち巻狩をしたのである。狩の獲物はいつの場合にも平等に分配されるので、縄張の争のおこる

入山

ことは少なかったようである。

秋田桧木内で逢ったマタギはこのようにして山中の道を辿りながら、奈良県の大峯の方まで熊狩に出かけていったという。その間人里へ下ることはほとんどなかった。クマをとるのが目的で、クマがいなくなって行かなくなったが、大和はウロの中にいるクマをとるので巻狩はおこなわなかったという。その長い道中を野宿もしたが、たいてい諸所に宿があってそこへとまった。

どういうところをあるいたのであろうかときいて見たが、何県何村などと記憶することはなくて、地図を見たのではわからぬという。いっしょにあるいてその道をならうよりほかに方法がないのである。この老マタギの話に、このようにして旅をしている間に出先の地方にそのまま住みつく者もあった。イノシシが多くて困るとか、シカが出て困るというようなところで、たのまれて狩をおこない、そのまま定住してしまう者がいたのである。シカやイノシシをとるのはそれほどむずかしくはない。その通る道がきまっており、またその巣があり、ノタがある。イノシシはからだに毛ジラミがつくのでそれをすりおとすために水のあるところへいってからだをすりつけておとす。それをノタを打つという。そのノタを見つければノタのあるところへイノシシはやって来る。イノシシの巣はカルモという、木の枝など寄せあつめて作っている。そういうものを目じるしにして通り道で待っている。そういう獣の通り道をウチ・ウジ・ウツなどといっている。ウチで待っていてとるのであるからウチ待ちといっている。

鉄砲の出現

イノシシやシカの被害をうったえるようなところは山中であっても農耕が進んで来ていて、一村の者が狩人というのは少なく、農業にしたがう者は農業にしたがい、腕のたしかな者だけが狩をするようになっていた。

種子島銃

これにはまた別に理由があった。狩に鉄砲が用いられるようになると、鉄砲は武器であって農民一人一人にこれを持たせることはできない。一つの地域に一〇挺とか二〇挺とか鉄砲を持つ者をゆるし、イノシシなど取らせいざ戦争というようなときには兵士としてこの人たちを繰り出すことができるような仕組をつくりあげていった。

熊本県阿蘇山の北の小国地方には一〇〇挺をこえる鉄砲がゆるされていた。これは野獣がこの地方に多かったことにもよるが、そこが他の藩との境になっていた地帯だったからである。

さきにのべた北山一揆のあった北山地方の入口にあたる熊野山地の村々にも、鉄砲二〇挺ほどがゆるされたのも、北山への備えを予定してのことであり、また藩境の山中には鉄砲を持つ者が多く住んでいた。しかも鉄砲をあずかる者の中に古くから狩をおこなっていた者が多く含まれていたのである。土佐寺川の人たちが鉄砲を持って山林盗伐を取り締った話はさきにも書いたが、阿波祖谷山でもイノシシおどしの鉄砲がゆるされて、夜になると鉄砲をならしてイノシシが畑を荒すのを防いだという。

狩の祭

このようにして野獣は田畑を荒す害獣として獲られることになり、狩人はこれを防ぐ役割を担当するようになって来たが、もともとクマもシカもイノシシも山民にとっては重要な食料であり、神からの賜り物であった。アイヌのクマに対する考え方は決して害獣でもなければ敵でもなかった。熊は山の神の姿であった。山の神がアイヌのために熊の姿でやって来て、アイヌに食料を提供し、山へ帰っていく。その山神をまつるものとして熊祭があった。

このような考え方は決してアイヌだけのものではなかった。狩を生業の一つとして暮して来た村々には共通して見られたものではないかと思う。東北地方の山中をあるいていると、もとは小さな村でもよくシシ踊がおこなわれていた。このシシは唐獅子で

熊祭（蝦夷島奇観より）

はなくて鹿が多かった。大ていは三匹のシシが出て来て、その中の一匹の雌シシを、二匹の雄シシが争うというようなものが多いが、シシ頭をつけたものが、胸に太鼓をつけて打ちつつ踊るのはいかにもシシがたわむれている姿がよく出ていて心あたたまるものがあった。そのシシが五匹になり八匹になり、平野地方へ来ると華麗な踊がおどられるようになっているが、そこにはシシは神格化せられていて、決して人間の敵ではなかった。そして下北半島の村々の社の中をのぞいてみると、神殿の隅にきっと手彫のシシ頭がおいてあったものである。

それが関東地方の山地ではほとんど唐獅子の系統になり、獅子に対して刀を持った若者が舞う獅子舞になっているものが大半であるが、これもまたその初めは東北のように神々の遊びを象徴したものではなかっただろうか。ということはこれを単に獅子舞といわず、神楽といっている。神の遊びだったのである。角兵衛獅子なども征服される獅子ではなく、その初めは神のあそぶ姿であったかと思われる。

獅子舞

野獣の中に神格をみとめたのは、野獣が人間に幸福をもたらす要素をもとは多分に持っていたからであった。このようにして山中の民は狩をおこないつつもクマやシカやイノシシを決して害獣とは考えていない歴史をその初めにもっていた。

そして山をおそれ山を愛し山に生きたのであった。山をおりて来て里の農家で米の飯をたべたマタギが「糞くさくて食えぬ」といった話を昭和の初め頃秋田できいたことがあった。

山には清浄壮烈な生活があるのだろうとそのとき思ったことだった。

三閭道

1　秋葉山から鳳来寺

西遊日記

司馬江漢が歩いた静岡県秋葉山から愛知県鳳来寺にいたる山中の道も、間道のひとつで江漢は天明八年（一七八八）六月末この道をたどっている。江漢は同じ年の四月下旬、洋画修行を目的として、

「肥州長崎の方、其他諸国を巡覧して三年を経ざれば帰るまじ」

と江戸を出発したものの、家をはなれるにつれて胸ふさがり、気分あしく、先に進むことができず、熱海で湯にひたり、府中（静岡）に滞在するなどして日をすごし、ついに引きかえすことにして、庵原の山中、紙を漉く村に立ち寄るのだが、そこでまた思いなおして、長崎への道をたどり、長崎から生月島までまわって、翌年四月中旬、江戸に帰着する。この一年間にわたる長い旅の道中日記を整理したのが『江漢西遊日記』であるが、そのはじめの部分は旅なれない江戸人の江漢が、妻子を想い、行先の不安におびえ、引きかえそう、江戸に帰ろうと思いながら、しだいに旅に慣れ、旅にひきこまれてゆく様子が読みとれて興味深い。

さて、庵原からは思いまどうこともなく旅を続ける江漢は、掛川から道を山手にとって森町の方にはいっていく。これは秋葉山に参詣する人達が利用する道である。江漢も秋葉から三河の鳳来寺をま

わり、御油で東海道にでている。掛川から森、犬居とすぎて秋葉山までは太田川を四九度も渡らなければならないような田舎道ではあったが、秋葉参詣の表道ともいえるような往来であるだけに、村々には酒を売る店もあり、宿もあった。しかし、秋葉からさきは人里も少なく、まったく淋しい山中の岨道をたどることになる。

猪を追う声

『江漢西遊日記』の中で、秋葉から鳳来寺までの記事は最も精彩のある一節になっているのだが、それは江戸の文化人である江漢が、はじめて接した山の暮しに感激したからであろう。

庵原山中の図（江漢西遊日記より）

六月二八日、秋葉山に詣で、寺のすぐ後から戸倉におり、天竜川の渡しにかかる。西川《さいがわ》というところである。いまこの少し上流には秋葉ダムが築かれている。そして道路も川にそってつけられ、集落も発達し、賑やかなところになっているが、もとこのあたりは谷底のさびしいところであった。江漢は西川の茶店で昼食

西川茶店の図（江漢西遊日記より）

にしようと、腰につけた行李から握り飯をとりだすと、いあわせた老婆が、

「あなたどちらの国のお方でござる」

と話しかけてくるので、

「吾等は江戸のもの」

と答えると、

「それはそれは御果報なることかな。お江戸は好いところと承ります。それにつけても、ここはまあ、お聞きなされまし、米とては一粒もなし、稗・麦に芋の食にいたします。その上塩は払底、味噌など得がたく、生魚とては見たるもの一人もござらぬ。昼は猿のばんをいたし、夜は猪を追います。ごらんの通り畑のめぐりにかこいをいたします。しかし猿はそのかこいをとびこして、麦や稗を荒すのです」

とこのあたりの暮しのさまを話してくれるのだった。

握り飯の残りを四、五歳位の子供にやるとその喜びようは大変なもので、饅頭でももらったようであった。川原はヒロビロと広く、どこを見ても渡舟が見えないので、大声で

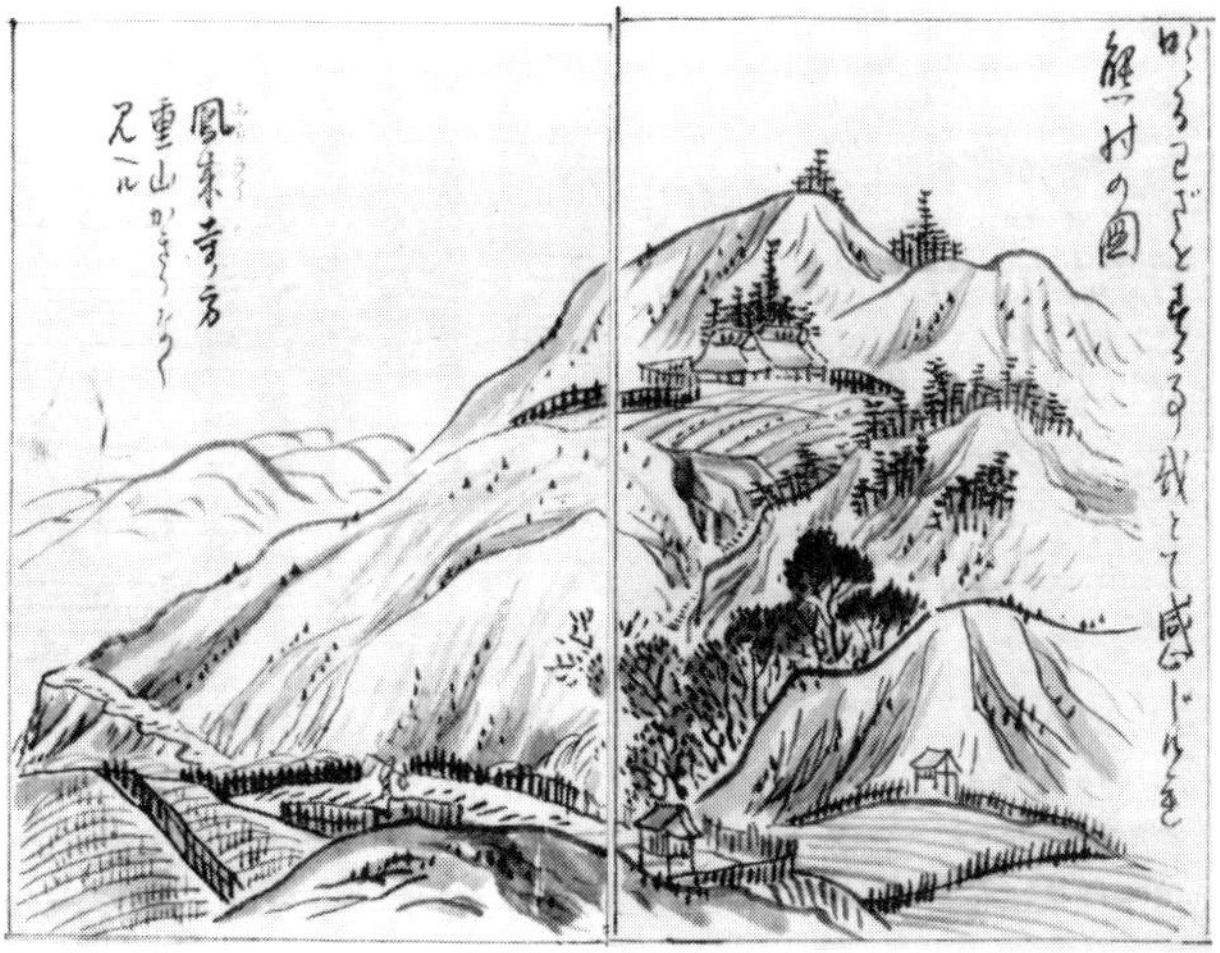

熊村の図（江漢西遊日記より）

「舟よ舟よ」

とよぶとどこからともなく舟がでてきて、対岸に渡った。六月の暑い盛りのことであるから、往来の人も殆どなく、渡守も商売にならないので、渡場にいないのだった。西川から石打という村を通って熊村についた。

このあたりは深い山の中で、山の中段に僅かに傾斜のゆるやかなところがあり、そこに住居をつくり、畑を拓いている。道はこの山中に点在する家と家とを結んで小さな踏立道が絶えだえに続いている。江漢がたどってきた道は秋葉道者の往来する道で秋葉街道といい、熊から鳳来寺にいたる道は鳳来寺街道といって古くからの道であるが、はじめての旅人には案内者が必要であった。江漢も途中から人足を雇い、荷物を持たせ、その案内で熊についた。この人足は二二、三の女で、荷物はひたいで背負って運ぶのであった。

「ひたいにて背負なり」

としか書いていないので詳しくはわからないが、荷物にかけた荷綱を背中から額にまわして頭で支えて運ぶ方法であろう。この方法は現在の日本では伊豆の島々と奄美、沖縄、それに北海道のアイヌでしか見られないが、もとはもっと広く行われていたのであろう。この方法だと荷の重さは頭にかかるが、荷物は背中に安定し、両手は自由であるから、山坂道を運搬するにはとても便利である。ヒマラヤ山地や台湾山地の高砂族では現在もこの運搬法は多く、強い人になると八〇キロもの荷物をかついで急坂をのぼっていく。

熊村では庄屋孫右衛門の家に泊った。宿屋のない村にいった場合、庄屋にいって頼むと庄屋が差宿といって村の適当な家に案内するか、自分の家に泊めたものである。孫右衛門は庄屋であったけれども、その家には障子もなく、夜の灯火も行灯などではなくて、松のふしをたいてあかしとするのであった。一般に貧しい暮しであったことがよくわかる。

夜ふけになると静かな山のあちこちから、猪を追う声がきこえ、山中の厳しい生活のあり方をしのばせるのであった。『西遊日記』には熊村の図がのせられているが、畑にはいずれも猪垣が結いめぐらされており、人家をはなれたところにある畑の隅には小さな高床式の小屋が描かれている。猿や猪を追う番小屋であろう。平地の少いところであるから、家のまわりにある畑だけでは食料を自給することができず、一里も二里もはなれた山奥にまではいって傾斜のゆるやかなところの雑木をきり、焼き払って焼畑づくりをさかんにおこなっていた。そこで、稗や粟、豆、芋などをつくって食料とし、二、三年つくって地力が落ちるとそのあとに楮、三椏、あるいは茶などを植えて現金収入を得ていたものであった。明治の中頃以降からはこうした山地に杉の植林がおこなわれるようになり、焼畑跡を中心に杉林が発達し、現在このあたりは天竜林業地の中心として見事な林隙村を形成している。

五〇町一里

翌日は、早朝熊村を出立、四方の山々から湧きあがる深い霧にかこまれて、何ともいえぬ山の風情であった。

人足のいうには、去年このあたりで草刈をしていた子供が、何という獣か、わからないが、おそわれて、一人は逃げたけれども、一人は食い殺され、跡にいってみると、頭ばかり残っていたという。今年も大の男がおそわれたという。また

「江戸というところはどの様なところであろうか」

と聞くので、江漢が自分で作った覗目鏡（のぞきからくり）で両国橋・江戸橋の図を見せたが、ただもうあきれるばかりで本当のこととは信じなかったものである。冗談にこれはただでは見せられないものだから、一人三二文宛見物料をださなければいけないというと、それを真にうけて各人が銭を出した。江漢も受取りはしなかったであろうが

「山中の人質樸なることかくの如し」

と書いている。

熊から巣山、からし峠、坐頭転し、四十四曲坂などをこえて三河との境にでる。いずれも難所ばかりである。里程にして二里半というが、この山中では、五〇町を一里とする古い制度がまだ使用されていた。江戸時代には秀吉によって統一された三六町一里がうけつがれて公式には使用されるようになるのだが、地方ではまだそれ以前から使用されていた六町一里や五〇町一里などが残っていた。六町一里は甲州などで後まで使用されていたし、山間では五〇町一里が多く使われていた。

鳳来寺

三河にはいって大野は人家の続く大きな集落であった。大野の問屋は医者でもあった。江漢が立寄ると、その医者が、
「貴方は何をなさる方ですか」
と問うので、江戸の者で絵を描く者だというと、そういう人がここにくるのは珍しいことであるから、二、三日滞在してくれないだろうかというたっての頼みであったが、それをふりきって、鳳来寺山にのぼった。けわしい石段を踏みよじて頂上にたつと、いくえにもたたなわる群山のかなたに遠州灘がのぞまれるのだった。鳳来寺は薬師を本尊とする、三河第一の霊場として、古くから庶衆の信仰を集めたところで、最も栄えた頃には三六の僧坊が参道の両側にたちならんでいたというが、戦国末にはすっかりおとろえてしまう。しかし、江戸時代になると、家康がこの薬師の感応によって誕生したということで徳川氏の尊崇をうけ、東照宮の建立や広大な寺領の寄進をうけ、繁栄をとりもどし、天台真言両派に属する僧坊も二一に達していた。江漢が参詣した時には一二坊が参道の半ばにいらかをならべていたという。山下の門谷は門前町を形成しており、多くの旅館があった。現在も峯の薬師とよばれて参詣する人は多く、また旧正月三日におこなわれる田楽は田峯、黒沢とならんで三河の三田楽として知られている。

江漢はその日は門谷に泊り、翌七月一日、新城、野田を経て、御油で東海道にでた。五〇町一里の里程で二七里、大変難儀な道で、御油にでた時には、

「誠に江戸へかえりたる」

ような気持になったことであった。この掛川から御油までの道に脇道とはいっても秋葉・鳳来寺参詣道として『五街道細見』その他道中記の類にはすべて記載されているもので、参詣する人たちも多かったものであるが、それでも本街道ではないということで、このような状態であった。

黒沢田楽（愛知）

また、この道をたどれば、取りしまりのきびしい東海道新居の関所やその脇往還である姫街道気賀の関所などを通らずにすむということで、すねに傷を持つ無宿者や浪人などが利用することも多かったという。

2　九州山地の道

豊前英彦山

江漢はこのあと、伊勢をまわって参宮をし、大阪にでて山陽路を下り、九州にはいる。九州では長崎街道をたどって長崎にはいって、一カ月程滞在したあと平戸島、生月島をまわって帰路につくのだが、このさきはあまり山地をたどっていない。九州山地の道をよく歩いているのは、江漢より少し前に九州路をまわった、備中の人古河古松軒である。ここでは古松軒が九州を歩いた時の紀行文である『西遊雑記』によって山の道をたどってみよう。

「豊前国は海辺によるほど風土よくして、西南は山連々としてあしく、九州のうちにては上国といえども、中国筋にくらべみれば人物言語劣りて諸品も自由とはいひ難し」

天明三年（一七八三）弥生の末、備中園ノ里（総社市市場）を出発して、五月の初め豊前小倉に着いた古松軒の豊前国にたいする印象である。国々の人情風俗を人国記風に批評するのが古松軒の特徴である。小倉から紫川の上流にかかる菅生の滝をみて山道をはすかいにたどって大橋（行橋）についたのが五月三日であった。菅生から畑、等覚寺をへて大橋にいたったものであろう。『西遊雑記』は寛政元年の洪水のため、稿本が破損したので残った部分を書写したと書かれているが、その時にかなり手を加えたものか、記述が『東遊雑記』にくらべて大まかになっており、行程がこまかく記されていない。大橋から油須原にでて今川にそって英彦山にのぼった。英彦山まで九里、左右には嶮山ならびたっているが一足あがりの登り道であるから、さほど悪くない。九州の山は上方や中国筋の山とちがって、土堤を築いたように次第次第に峯が続いており、一筋の谷から外にでるには必ず山を越えなければならないところが多いと書いている。

英彦山参道

英彦山は九州の高山（海抜一二〇〇メートル）で筑前、筑後、豊前の三国にまたがっているが三所権現の社や堂などが豊前国にあるので、一般には豊前の彦山とよばれている。大和の大峯、出羽の羽黒とならぶ修験の道場で、ここも役小角によって開かれたという伝説を持っている。最も栄えた時には三千八百余の坊があり、弘治・元亀（一五五五～一五七三）の頃までは千坊余があったが、秀吉の九州征伐に際して英彦山の衆徒は島津に属した。そのためかつては万石以上もあった食地をことごとく取上げられ、僧坊もいつとなく減少して、古松軒が訪ねた時には三石坊になっていた。いずれも天台宗の山伏で、ほかに清僧寺が五ヶ寺ある。坊中の下のはずれに大きなふたかかえほどもある銅の鳥居がある。これは佐賀の

勅額（霊元法皇筆）

鍋島勝茂の建立したもので、額は霊元法皇の書かれたものである。英彦山と英の字を加えてあり、それから英彦山と書くようになったという。この鳥居の下が門前町をなしている英彦山町で町屋が百軒以上あり、酒屋、八百屋などもあって山中であるけれども大ていの品物は調えることができる。町屋のあるところから坊中の門前まで桜が数千本植えられている。それから上は坂道がけわしくて、中堂より上になると足場もないような岩場で鉄の鎖にとりついて登る。御本杜を上宮といい、三つの峯を祀って三所権現ともいう。いまは御社がたてられているが、昔はいまのように堂社はなくて、ただ山の霊を崇めたものだと伝えられている。峯にのぼると周防長門から筑前にかけての海や浦々、阿蘇の煙、四国路の山々までのぞむことができるというが、雲や霧にとざされて晴れた日は少く、古松軒が登った日も遠見はできなかった。

古松軒は山田伝次という山役人の家に八日滞在して歌よむ人を訪ね山の事跡などを聞いた。細川氏が小倉にいた頃は信心もあって、供米なども多かったが、小笠原氏になってからは百石ばかりの御供米だけで、一山の衆徒は全て配札にまわって暮しをたてていると記している。享和元年（一八〇一）四月末、英彦山に詣でた菱屋平七の『筑紫紀行』には山伏が駕籠かきをしたことが記されていて、その山伏の話によると、旦那場もなく、禄ももらわない山伏もたくさんいるが、その人たちは山伏では暮しがたたないので、塗師として漆細工をしたり、そうした技術をもたない人は杣、木挽、炭焼、人足などの内職をして暮しの助けにしているということである。英彦山の山伏が配札だけで生活できず貧しい暮しをしていたことがわかるのだが、古松軒はそこまではみていない。

耶馬渓

五月一一日、古松軒は英彦山をたって羅漢寺をこころざした。深山のけわしい道だからというので、親しくなった山田園生という医者が一里ばかり見送って羅漢寺までの道筋を教えてくれた。英彦山から薬師峠をこえて槻の木を通り、川原口から高瀬川にそって下り、羅漢寺にでたもののようであるが、槻の木までの三里ほどは人家もなく、

「高きに登りては雲に入るかと思ひ、谷に下りては海に入るかと思ふ。幽谷霧みちみちて行さき見えわかず、左右よりは大山そびえ雑樹生茂りて日の光りさらになく、道も溝のごとく水ながれて漸く足入るるばかりの細道」

英彦山（菱屋平七　筑紫紀行より）

が続いて休むところもなかったが、ほかに脇道もないので迷うこともなく進んでいった。槻の木は八軒ほどの杣人の家があるだけの淋しい村であった。槻の木からまた山をこえて川原口という村についた。ここには宿もなくいかんともしがたいので辻堂にはいって夜をあかしたことである。川原口から羅漢寺までは五里、高瀬川の谷を津民谷ともいい、薬草の類をたくさん出すことで知られている。中でも、茯苓（ぶくりょう、松の根に寄生するサルノコシカケ科の菌核、水腫、淋疾などに効く）、升麻（しょうま、ユキノシタ科の多年草、鳥足升麻、泡盛升麻があり鎮痛剤に）、細辛（ウスバサイシン、ウマノスズクサ科、根・根茎を乾燥させたものが咳、発汗、胸痛などにきく）、山薬（ヤマノイモを乾して粉にしたもの、強壮剤）、羌活（きょうかつ）などの良いものがとれる。またよい茶のでるところもあるが、一般に薬草をとって暮しの足しにするようなところであるから、とても貧しく家なども上方筋の乞食小屋のようなもので、哀れをもよおすような僻地である。

高瀬川が山国川に落合うところから少し下ると平田村である。ここは中津から玖珠、日田への街道筋にあたっており、茶屋も二、三軒あって、人にもあわぬ山道をたどってきた身には、ようやく、人里にでたここちがして喜んだことである。

羅漢寺は筑紫の五百羅漢といわれてものの本にも紹介されている名所であるから、さだめて目を驚かすほどのものであろうと楽しみにきてみたら、案外なところであった。このあたりから豊後にかけてはいわゆる豊後石のやわらかい細工しやすい石であるから、石仏が実にたくさんあるが、不思議なるものも妙と見るところもない、平凡なものである。それを昔、異人がきて一夜のうちに建立したただとか、仏が集ってきざんだなどという伝説をまことしやかに伝えているのは笑止であるといささかやつあたり的にこきおろしている。よほどこの山中の悪路に閉口したのであろう。

このあたりの山にそって建てられた家は、穴ぐらは勿論湯どのや便所までも、山の腰をたくみに掘りくぼめてつくっている。羅漢寺もまた山を深くえぐって柱をたて、敷居、鴨居をいれて戸障子をたて、寺にしたものであるから梅雨時にはどこもかしこもかびがはえてこまるということであった。

青の洞門で有名な隧道もこの羅漢寺の下流曽木村にある。ここは深い渓谷で、きりたった崖が川に落ちこんでいて、道がなく往来の人は不便をしていたが、四〇年ほど前に江戸浅草辺の善海という人が、六十六部でここにきて、岩が柔く、比較的掘り抜きやすいことに目をつけ、隧道を計画し、近郷を勧進して資金をつのり石工を雇い、東に高さ一丈横幅九尺、ところどころにあかりとりの窓をつけて長さ百二十余間、西に三間の穴道を掘り通し、往来の便をはかるようにした。善海はこの六道を通行する人から四文、牛馬は八文の通行料をとり、百両ほども貯めていたが、後に羅漢寺で死んだと土地の人が語っていた。この道を山国川にそって下ればば中津の城下につくのだが、古松軒は道を右手にとって宇佐八幡をこころざした。この道筋も谷道ばかりで深い谷にまよいこんでしまい、心細くなってしまったが幸い薬草とりの人にであい、その案内で道もないような山をこえて四日市にでた。

青の洞門

豊後路

宇佐までは四日市から一里余、道は広々とした街道であるが、茶店もなく淋しい道であった。宇佐八幡宮も、一寸した窪みの平地にたてられており、社殿の普請は立派にみえ、社堂も多く、境内はひろびろとしているが歳ふりたさまもみえず、案外に面白くなかった。

「寺社は山によるか、海辺ならでは神さび、年をふりしもやうはなきものなり」

と書いており、古松軒の風景感がうかがえる。八幡宮の門前には少しばかりの町屋もあるが、まことの田舎で茅屋ばかり、このあたりは百姓以外には収入の道もないところであるから、伊勢山田のように、参詣の人をとらえてだましとるようにしても銭を欲しがる風があり、人の気象のよろしくないところである。そうじて豊後国は豊前よりも大国であるが、風土は劣っており、在にはいると豪家とおぼしい百姓はなく、白壁の土蔵などは見かけることがない。山分にはいると草履やわらじなどもはかず、外から帰っても足を洗わずそのまま床の上にあがる。食物にしても米を食うことはなく、粟の飯が上食である。寺院や村長でも平生は粟、五節句などに米を食べるという程度であると総括している。

宇佐から立石とまわって日出の城下を通り別府から大分をへて佐賀関から臼杵にでて、臼杵から山地にはいって掻懐《かきだき》にとまり、岡をこころざす。掻懐の手前には臼杵の石仏で有名な深田があるが、そのことについてはふれていない。このあたりは山の頂が平になっていて、拓けば何カ村もできるようなところが多いが、地味が悪いのであろう、人家もなく、一里の間に一軒か二軒くらいしか人の住む家はなく、淋しく心細い道であった。このあたりまでくると上方筋ではみかけない道具が多く使われている。他国の人が見ると不便なもののように思われるが、子供の時から使いなれた土地の人にとっては使いやすい益のあるものであろうと書いて、牛鍬・鎌の図を写してしる。古松軒は各地でこうした農具には注意しており、日向、肥後、筑後などでヒョウタン鍬、平鍬などの図をのせている。五月二八日は野宿し、野津市で真野の長者が建立したといわれる蓮城寺を訪ね、六月一日岡の城下についた。岡城は有名な嶮城で、削りとったような山上にあり、評判通りであった。城下の町はかなりなも

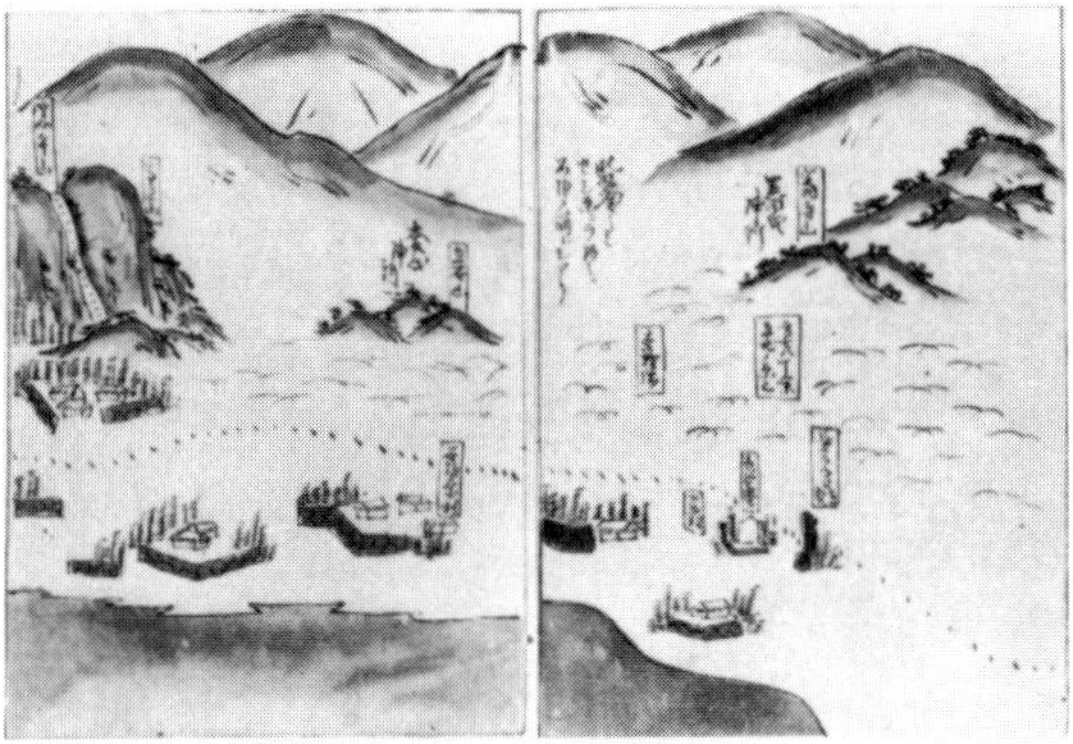

別府（古松軒　西遊雑記より）

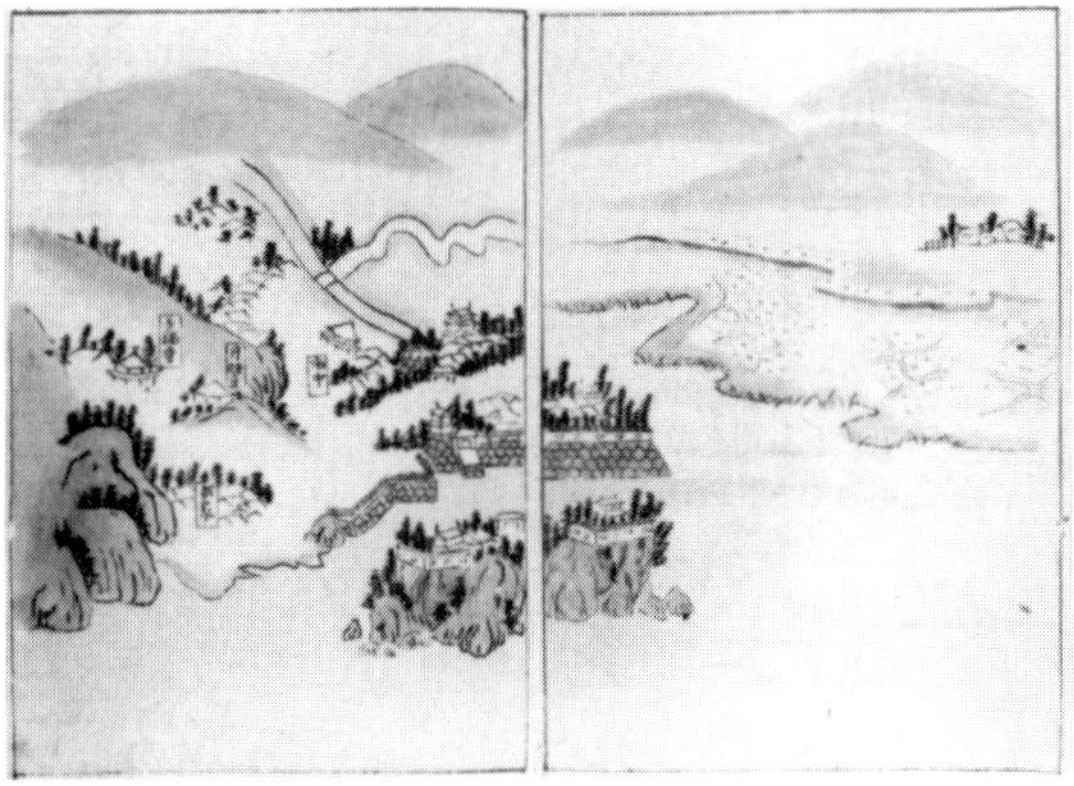

臼杵（古松軒　西遊雑記』より）

岡城

ので、大ていの品はここで調えられるようになっている。四、五里の間は町場といってもないので、皆この城下に集ってくるので町屋も多くにぎわっているのである。

岡から日向にはいり、霧島をまわって大隅薩摩とへて、肥後、筑後とたどっているが、『西遊雑記』では岡から先の行程が不明確でその足どりを正確にたどり得ない。

薩摩・肥後

日向は山坂の多い、下々国で食事なども悪く、あまり居心地がよくなかったので、心いそいで大隅にはいった。大隅もまた日向と同じく人物言語賎しく諸品不自由なりと書いている。薩摩侯の領分は普通の旅人では端ばしまで見物することはできないとかねてから聞いていたので、六十六部に身をやつして関所を通った。一般の旅人にはきびしい薩摩も廻国修行者にたいしてはそれほどきびしい制限もなかったようで、関所の番人も往来手形をみただけで、さしたることもなく、許し手形を書いてくれた。この手形を領内で泊る場合、村々の庄屋年寄にみせることになっており、庄屋年寄は何月何日泊ったという証明をくれるのである。こういう手続を得なければ宿泊できないようになっていたのだから、薩摩は矢張り、旅人に対してきびしい国であった。なお関所をはいる時に見せ金といって金三分ほどの路銀を持っていないといれないことになっていた。これは領内で旅人が病気になったり、死亡した時にところのものが負担しないですむような用心であるという。

薩摩では旅人の改めが厳重であったけれども、それは正式に番所にかかった場合のことで、間道や抜道が何本もあって慣れた水俣や佐敷の商人などは皆その抜道を通って往来していると、後に肥後水俣できいている。これは薩摩だけでなく、どこの国にもあったもので、江戸時代の幕府や各藩の交通政策は、表向きはとてもきびしいものになっているが、実際にはたいてい抜けられるようになっていて、庶民の通行にはそれほど大きな不自由はなかったものである。

さて古松軒の許し手形には水引新田宮、鹿児島福昌寺、国分寺、正八幡、霧島山などを六十六部経文奉納のため入国したもので、経文奉納が済んだならば最寄の番所から油断なく帰国するように申付けたものだと書かれてあった。しかし修行者としてはいった場合には野宿したということでいい訳がたつので、どこでも行きたいところにゆき、何日でも滞在することができたし、六十六部だと木銭一二文を出すと旅人宿ではどこでも泊めてくれるので、路銀もさほどかからず、気安く旅ができた。だから薩州一見の志あらん人は修行者の体よろしくと古松軒は記している。

古松軒は六月一七日日向から大隅にはいり、晦日まで薩摩をまわって、肥後の水俣にはいった。

水俣はかなりの町場で古松軒が訪れた時は水枯れで数十カ村が申合わせて雨乞いをするという時であった。海岸にいってみると、数百人もの人が集って、掛けづくりの小屋に、女の形につくった一丈ほどもある藁人形に紙でつくった大振袖の着物を着せたものを祀り、社人の祭文のあと、太鼓をたたいて大勢の人々が、

「竜神竜王末神々へ申す、浪風をしずめて聞きめされ、姫は神代の姫にて祭り、雨をたもれ〳〵、雨が降らねば木草も枯れる、人だねも絶える、雨をたもれ、姫をましょ〳〵」

水俣の海岸

と替わり合って雨が降るまで唱え、雨が降ったら、藁人形を海に流すのだということであった。二〇〇年ほど前までは村々の娘たちを集めてくじをひかせ、それにあたった娘を人柱として竜神にささげていたものだという。水俣から佐敷にでて、人吉にいった。人吉は相良氏の領地である。相良領にはいると、旅人が一人であっても村役人が一人ずつ番人をつけて村送りにする。宿をする場合もその村の村役として泊るので宿代も米代もとらない。これは大変有難いことであるが、旅人が国内をくわしくみることのできないようにするためであると書いている。人吉は山中だけれどもなかなかよいところで、海の魚が不自由なだけで、それ以外に不足する品はなく、豊後、日向、大隅などの在よりはよいところである。

相良領にはいって、山本村の庄屋の家にいくと、この人は少々風雅の心ある人とみえて上方筋の話をききたいからとひきとめられ、いろいろ物語して、村々のことをきいた。五家荘のことなどをきくに、奈須山という所から一三里、道もないけわしい山をいくつもこえてゆくところで、このあたりの人でもいったことのある者も稀なほどである。ここの人はたまに、熊の胆、猪、鹿の皮などを持って人吉におりてきて、品物とかえて帰るというような話で、できたら訪ねてみたいと思ってきいたのだが、おそろしくなって止めた。しかし、ここまできたのだから奈須山まではせめていってみたいと森根というところまでいって泊り、奈須山のことをきくと、僅かに一里ほどであるが、桟道の危険な道であるし、行っても山中に茶がおびただしいほどあるだけで見物するようなものもないからと止められて、行かず、米良山のことなどをきいて引きかえしている。そしてこれから日奈久にでて、八代、宇土、水前寺、阿蘇などの記事があって、筑後に向っている。そしてここでは六月一八日水俣にはいり、七月一日筑後にはいると書いている。先に薩摩領にはいった日と全く重複しており、どちらが正しいのかわからない。どうも薩摩から肥後にかけての部分は迫力に欠けている。

阿蘇（古松軒　西遊雑記より）

3 中部山中

ここでは日向佐土原の修験、野田泉光院の『日本九峯修行日記』から中部山岳地帯を歩いた時の様子を紹介することにしたい。泉光院は文化九年（一八一二）から文化一五年まで回国修行の旅をおこなっている。回国修行というのは諸国をめぐって霊場や札所、神社仏閣などに参詣し、修行をすることであるから、普通の旅人のように旅費を充分持って、旅籠に泊ってゆくのとは自ら旅の仕方もことなっている。泉光院の場合には托鉢や札くばりなどによって僅かの銭や食料を得て、木賃宿や善根宿あるいは堂庵などに泊りながら旅を続けたのであった。したがって、六年余の旅の間に、日本六十余州足をいれなかった国の方が少いくらい広く歩きまわっているが、その殆どが街道筋をはずれた、山道、里道をたどっての旅であった。それだけに苦労も多かったのだが、教えられることの多いものでもある。

泉光院が歩いた地方の中でもここでとりあげる飛驒から信濃にかけての道筋はさすがの泉光院が途方にくれるほど難儀な道であった。

飛驒路

文化一二年（一八一五）の秋も半ばをすぎた八月末、泉光院は飛驒路にはいった。白山禅定をすまし、加賀から能登をまわって越中にはいった。はじめは立山登山をこころざしてのことであったが、すでに秋も半ばになって登山の時期をはずれていたために、飛騨にはいるべく道をかえて、飛騨街道をたどり、八月一二日、富山城下から八里ほど奥の岩稲についた。この日から同行の平四郎が持病の疝気をおこし道中することが困難になって、一五日から二三日まで片掛村の泰隆院という山伏寺に滞在して疝気の納まるのを待っている。岩稲から奥は飛騨の山々に続く山地で米がなく、その上日蓮宗ばかりで托鉢ということの一切ないところであるから、食物を得るのに大変難儀をし、一四日には楡原村の日蓮宗の寺にいって無理をいって一升ばかりの虫付米をわけてもらったりしてしのいでいる。二四日にはようやく平四郎の病も納まったので泰隆院を出立し、飛騨にはいった。

飛騨山脈の水をあつめて、深い渓谷をなしている宮川と高原川が落合って神通川となる。この落合うところが越中と飛騨の境である。ここには越中側に井の杭、川をへだてて、飛騨側に中山の番所がおかれていて、旅人や出入の物資をあらためている。国境の谷は深く、きりたった断崖になっている。そのため橋をかけることができず、旅人や荷物は「籠の渡し」で渡すようになってした。

籠の渡しというのは川の両岸に張り渡した綱に吊り下げた籠に人が乗って渡るものであるが、いま少し詳しく説明すると、その装置は、まず両岸に堅牢な力杭をたて、これにシラクチヅルと藤蔓で二尺廻りほどの大きさによった命綱を張りわたし、その命綱に籠をかける。籠はハナノキをたわめて藤蔓をからみつけてつくった骨組の下方三尺ばかりを藤蔓で格子編みにする。この部分を鳥の巣という。籠の上部にはハンノキをくりぬいてつくったトラという筒をシラクチヅルで取付け、この中を命綱を通す。そして力杭から引いた引綱と控綱を籠の下部につける。人がこれに乗って渡るには、鳥の巣に

籠の渡し（斐太後風土記・上より）

はいって立ったまま籠の骨を握り、ブランコのように前後に勢いよくゆり動かし、勢いがついたところで籠をすすめる。命綱は籠の重みでたわんでいるから半ばまでは勢いよく進むがそれから先は勢いがつきて、後もどることがあるので、乗っている人が命綱にかけた藤蔓をたぐって進み対岸に到着する。人がいる時には引綱をたくってもらうから比較的楽にゆけるが、一人で渡る時にはなかなか骨がおれるものであった（川口孫治郎『飛驒の白川村』による）。

「日本一難所の渡なり」

と泉光院も書いているが、こうした渡しが飛驒には何カ所もあったのである。

籠の渡しを渡って中山の番所にかかる。飛驒は天領であるから、幕府からの役人がつめている。通行手形を出して通るのだがここの役人は風流を好む人で、何か一句書いてくれというので明月の夜につくった俳句をしめすと大変喜んで、発句談義に興じ、結局その日は中山村にとまることになった。泉光院の旅では各所で俳句を好む人達にであっている。翌日は船津までゆき泊る。山中の難儀な道ばかりであった。船津にも藤橋という吊橋があった。長さ二〇間、幅四尺ばかりの桁を藤蔓で結び、それに幅五寸ばかりの木を梯子のように結びつけたもので、危険なものであった。

船津から門前をへて高山にいたる。高山は二里四方ほどの盆地で、代官所があり国分寺もある。なかなか良い町で、町屋も多いが、宿といっては商人街ばかりで旅人街はない。泉光院は国分寺に泊めてもらい、翌日飛驒一の宮の水無神社に参詣し、信濃路をこころざして野麦街道にはいり、小屋名に泊る。八月二八日のことであったが、このあたりの峠にはもう三日前に雪が降ったとかで、あちこちに消え残っていたし、周囲の山々には春の雪が消えずに残っているのも見かけられた。山国飛驒はすでに冬のおとずれを告げるころになっていたのである。

野麦峠

小屋名から益田川の谷をのぼり三里の峠をこえて中洞にとまり、翌日は野麦峠の麓にある野麦村まででいって泊った。

「ここは飛州第一の田舎、塩もなき所、米一升百六十四文、この辺の子供は稲というは一切知らざるもの多し」

と泉光院はその日記に記している。益田川の源流にあたるこのあたりは山深い飛驒山地の中でもとくに深くけわしい河谷で、現在高根村に属しているが、村の入口にあたる中洞でも海抜八六六米、最奥部に位置する野麦では一三二四米に達する。高くけわしい谷の斜面に位置しているために、平坦地が少く、屋敷や耕地は、猫の額ほどしかない狭い段丘や崖のふちにひらかれている。きびしい生活条件のところである。江戸時代には奥山中組とよばれていた。明治初年に書かれた『斐太後風土記』によると、奥山中組の村々では、昔から米は一粒もできず、雑穀を植えてヒエ、ソバを常食とする。野菜

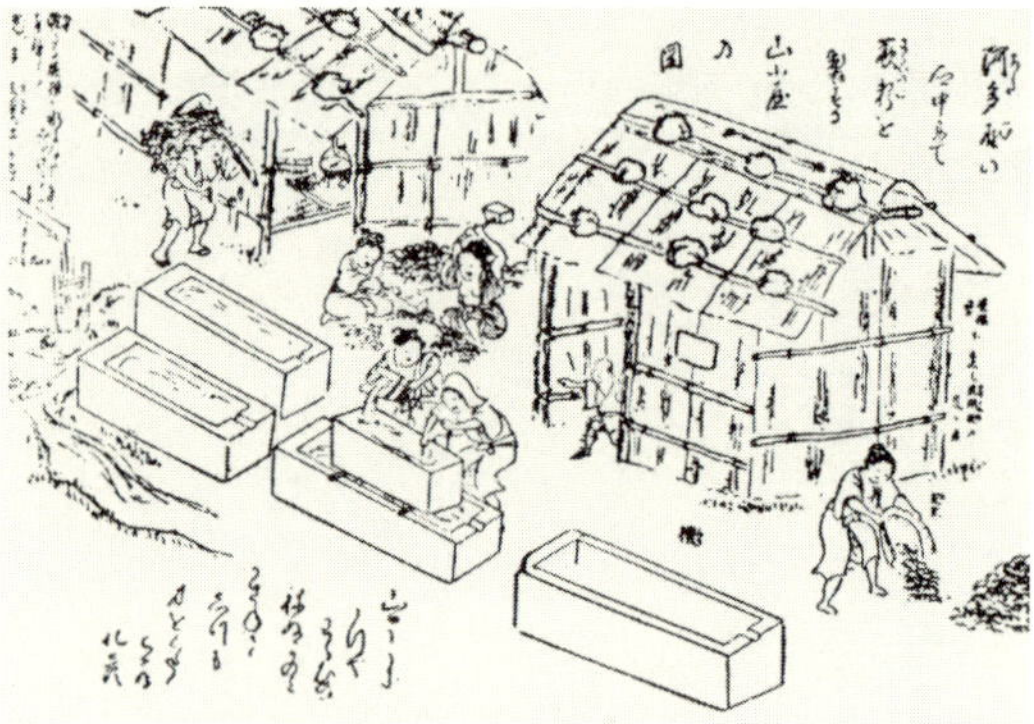

ワラビ粉を製する図（斐太後風土記・下より）

にはワラビ、ゼンマイ、ウド、ウルイ、山ゴボウの葉などをとり、飛騨三郡の人々でもその名を知らないほどの貧しい村で、きわめて僻地であった。耕地が少く、食料が不足するので壮年のものは牛を飼ってこれをひき出し、荷物の輸送に従事して駄賃を得、またはきこり、杣、木挽などの仕事で他国の山にいって賃銀を得て生活をたてた。また女や老人は春の耕作前と秋の収穫後は村内や山の小屋に住んで原野のワラビを掘り、ワラビ粉をつくって商人に売り、その僅かな収入で暮している。まことに憐むべき状態であったと誌されている。泉光院がたどった時も同じ状態で

「常食には蕨の粉をとる」

と書いている。ワラビの粉は売るだけでなく、大事な食料でもあった。

こういう厳しい僻地ではあったが、この道は飛騨と信州をつなぐ大事な交通路で、早くからひらかれており、物資の輸送に従事する大事な仕事があったので、人々が住み、村をつくってきたのであった。この道についてはまだ後でくわしくふれることにする。

九月二日、泉光院は野麦の村を出立、信州との境になる野麦峠にかかる。深い谷を九十九折にまいて登る一六七二米の峠である。峠の上にたつと、尾根伝いに乗鞍岳が雪をいただいてそびえている。

峠をこえるとそこはもう信州奈川の谷で、奥山中組と同じように厳しく暮しのたてにくい村々がある。泉光院はこの麓村に泊った。おそらく川浦か寄合渡に泊ったのであろう。飛驒路では殆ど托鉢に歩かなかったので路銀もつきてしまい、僅かに三文ばかりしか残っていない。その上、ここでは托鉢にまわっても呉れるものがない。さすがの泉光院もいかになることかと心細く思いながら休息したことであった。翌日は銭一文もなく米を買うこともできない。托鉢のできるようなところではないけれども、まず托鉢をしてみようと、かしこに一軒、ここに一軒とある山やら谷やら托鉢して、粟、ソバの粉を合わせて七、八合もらった。これがその夜の食事であった。その夜は梓川の谷にでて稲核という村に泊った。

奈川の谷

日本アルプスの雪解け水を集めて流れ下る梓川の谷も深い。いまは稲核、水殿、奈川渡に巨大なダムができて、すっかり様相がかわってしまったけれども、それ以前には、この谷奥にはいってゆく道は深い渓谷の中腹にまがりくねって細々とつけられていた。渓谷の中腹には僅かな段丘があり、傾斜も少しはゆるやかだったから、そういうところを人は歩き、住みついて村をつくっていたのである。しかしこの谷は人の少い、淋しいところであった。奈川谷が梓川に落合うあたりに入山という村があるが、それから稲核まで二里あまりの間、家は一戸もなかった。人気の少い山の道を路銀もなく、僅かにもらい集めた粟やソバ粉だけを持って歩く旅人の心境はいかなるものであったろうか。しかしその翌朝は稲核の村で托鉢し、粟やら米さまざまを得て少し豊かな気持になって、道々托鉢しながら梓川の谷をでて、花見という村までいった。松本平の入口である。ひろみにでるとほっとする。水田が広く、生活にゆとりがあると人の気持もまたゆとりのあるものになる。花見をでて道々托鉢をしながら、昼食をせんと立寄った家の主人が四書とは何か五経とは何を教えるものであるかなどと難しい質問をし、泉光院の講釈を恐れいって聞いていた。こうしたことには泉光院は方々ででであっているけれども、野麦や奈川の谷、そのほかの山深い村ではそうした記事がみられない。その日は大久保村の庄屋に泊ったが、この家の主人は俳人でもあった。松本平にはいるとあちこちで善根宿の接待をうけ、かなり広く村々を托鉢して、松本城下についたのは九月一五日であった。そしてその日は浅間温泉までゆき、一九日まで滞在して入湯し、旅の疲れをおとして、二〇日浅間温泉を出て、中山道を塩尻から諏訪を経て甲府盆地にはいり、その年は甲府盆地の村々をくまなくといってよいほど托鉢にまわってすごし、文化一三年の正月を積翠寺村の善左衛門という家でむかえ、一月も末になって甲州をはなれ江戸にはいる。江戸でしばらく休んだのち、秩父から日光をまわって、また信州にはいり、善光寺から戸隠をまわって、山中の道をたどって糸魚川街道にでて、糸魚川から前年果せなかった立山登山のために、また越中にはいる。

　脇道から脇道をたどって泉光院の旅はまだまだ続くのだが、そのあとをたどるのはこのあたりでやめて、もう一度梓川の谷にひきかえすことにしよう。

四　古い道

1　鎌倉街道

鎌倉古道

越中と飛驒、信濃との境は日本の脊梁山脈のなかでも最も高く、けわしい山々によってへだてられている。この日本アルプスの山々をこえて人が往来し、物資を輸送することは容易なわざではなかったけれども、この山地をこえるのが北陸路と中部地方、関東とを結ぶ最短距離であったから、早くからアルプスの鞍部をこえて往来する道はひらかれていた。泉光院がこえた野麦峠の道はそうした古くからの道のひとつであったが、それ以外にもいくつかけわしい峠をこえる道があった。立山から針ノ木峠をこえる道もそのひとつであるし、焼岳をはさんで北にある中尾峠と南の安房峠をこえる道もあった。針ノ木峠ごえは戦国の末、佐々成政が雪中をこえたことでいちやく有名になっているし、安房峠の道はやはり戦国時代に甲斐の武田氏が飛驒の江馬氏を攻めるのに通行した道として知られているが、これらの峠道はこの時にひらかれたものではない。それ以前からあったものを戦国の武将たちが利用したというにすぎない。

安房峠をこえる道、中尾峠をこえる道は古い鎌倉往還だと伝えられている。現在の国道一五八号線は松本から梓川谷をのぼって中の湯から安房峠をこえて高山にいたり、福井に通じているが、これは昔から利用されてきた道筋をほぼたどっているということができる。といっても昔の鎌倉往還は梓川に沿ってはいったのではなくて、山中にはいって稲核、入山、角ヵ平、神祠峠、大野川、桧峠、白骨、中の湯、安房峠、平湯とたどって高原川の谷にでて越中東街道にはいるのであった。

登り降りの多い道であるけれども、山の鞍部や中腹の比較的なだらかな部分を縫って通じていることの道は北陸から鎌倉にいたる最短距離の道で、その上、豪雪地帯をさけてつけられているのである。なお、この道は中の湯から、焼岳の八合目あたりを通る中尾峠をこえて飛驒にはいる道とわかれている。中尾峠ごえもまた鎌倉往還のひとつであったという。

いずれにしても鎌倉幕府につとめる北国の御家人たちが何人も群をなして急いだものであろう。そして平湯や中の湯、白骨などの温泉はそうした人たちが峠ごえに疲れた身体をひたし、旅のあかを落すのに格好のものであったにちがいない。

鎌倉街道、神祠峠付近

白骨温泉の新宅旅館には一個の頭骨が保管されている。これは昭和三〇年、旅館にいたる道をつくるために石灰岩の丘を掘っていたらでてきたものであるという。それを東大の人類学教室に送って調べてもらったら、三〇歳位の女性のもので、鎌倉頃のものであろうという鑑定であったという。首だけであり、他の部分はないが左の耳の下に刀創があることから斬り殺されて首だけ捨てられたものであろうと考えられている。湯治にきた客であったのか、それとも鎌倉往還を通っていた旅の女か、知るすべもないことであるが、このさびしい山中にすでに鎌倉時代に人がいたことを物語る証拠にはなるものである。

梓川ぞいの山腹を縫ってつけられ、白骨から飛騨にこえるこの道が鎌倉往還であるということは口碑以外に、それを裏付ける記録はないけれども、信じてよいものであろう。

鎌倉を中心に

治承四年（一一八〇）伊豆に兵をあげた源頼朝が、関東を中心に覇をとなえ、鎌倉の大倉に御所をたててひきうつり、鎌倉殿とよばれて名実ともに関東武士団の頭領としての地位を確立したことから鎌倉幕府は誕生する。政治の中心が京都から鎌倉に移るのであるが、そのことによって交通体系にも大きな変化がおこる。

それまでの道路は京都を中心に、国々の国府をつないで幹線道路が放射状にひろがっていた。いわゆる七道とよばれる山陽、東山、東海、北陸、山陰、西海、南海道の国々をつなぐ道がこれである。

鎌倉に政治の中心が移ったからといっても朝廷のいる京都はやはり大事な場であり、文化の中心であることに変りはなかったから、従来の道が幹線道路としての役割をなくしたわけではないが、その中で京都と鎌倉をつなぐ東海道が最も重要な表街道として発達してくる。東海道は比較的平坦な地が多く、道路としての地の利にはすぐれていたが、その反面渡渉に困難な大河川が多かったので、平安時代までは東国との交通は山間を通る東山道が多く利用されていた。山地を通る道は上り下りが多く苦労が多いけれども、旅がもっぱら徒歩に頼ってなされていた時代には、こちらの方が安全であったのである。それが鎌倉に幕府ができたことによって、公用の役人や武士たちが東海道を利用することが多くなり、それにつれて駅制も整備され、渡船や橋などの設備もそれなりにととのえられてくると、一般の旅人も多くこの道を利用するようになってくる。旅人が多くなると必然的に旅人の利用する宿泊施設などもその道すじにはたくさんできて、旅が安全容易にできるようになるからますます通行が多くなり、その道すじが発展する。『実暁記』によると鎌倉時代の末には京都から鎌倉まで一二〇里余の道すじに六三もの宿ができていたという。

鎌倉若宮通り

東海道の発展と同時に鎌倉を中心に各地をつなぐ道がひらかれてゆく。特に畿内に政治文化の中心があった平安時代までは東夷の住む地として、僻地視されていた関東、東北地方に道がひらかれていった。

鎌倉幕府は東国の武士団を基盤に成立した軍事政権であり、御家人とよばれる武士たちが幕府政治を支える大きな柱として存在していた。

それは謡曲「鉢の木」で有名な栃木県佐野の佐野源左衛門が北条時頼に一夜の宿を乞われて、もてなす手段もなく、鉢の木をたいて御馳走とするような貧しさの中にあっても、武具一揃と馬だけは常にそなえていて、「いざ鎌倉」という場合には何はおいても鎌倉にかけつけるだけの準備はしていたということでしめされるように、御家人たちは地方に住んで平常は農業をおこなっていても、鎌倉と強く結びついていたのである。

武士の鎌倉往来は「いざ鎌倉」の場合だけではなく、普段の場合にも行われた。特に東国の御家人は、定期的に鎌倉につめて、将軍御所や幕府の警固をすることが義務づけられていた。これを鎌倉大番役といった。東国というのは遠江、駿河、伊豆、相模、武蔵、上総、下総、安房、常陸、下野、上野、信濃、甲斐、陸奥、出羽の一五ヵ国で、現在の静岡、長野以東の中部、関東、東北全域にまたがるものであった。これらの地方に住む御家人たちは一年に一度ないしは二年に一度、鎌倉に上って一ヵ月ないし二ヵ月の番役をつとめたのである。このほかにも東国の御家人たちは代替りごとに鎌倉に上って将軍に見参して、御家人であることの下文をもらい、所職の安堵をうけることが義務づけられていたし、訴訟などのために鎌倉に上ることも多かった。

そうした武士たちの鎌倉往来が活発になると同時に、幕府や寺社に納める年貢の輸送、商人の出入りなども盛んになって鎌倉に至る何本もの道路がひらかれた。幕府は三方を山にかこまれた鎌倉の出入口にあたるところに切通しをひらいて、往来を便にした。鎌倉七口といわれる巨福呂坂、亀ヶ谷(扇ヶ谷)、化粧坂、大仏、極楽寺坂、朝比奈、名越の切通しがこれである。鎌倉と外との往来はこれらの切通しを出入口として通じていた。たとえば鶴ヶ岡八幡宮と建長寺との間にある巨福呂坂の切通しは武蔵方面にむかう鎌倉街道の出入口にあたっているし、朝比奈切通し、名越切通しは三浦半島をへて房総半島にわたって木更津付近から上総にいたる鎌倉街道につながっている。

武蔵野の鎌倉街道

鎌倉幕府が、切通しをひらいたり、東海道その他主要な街道の整備をすると同時に地方在住の御家人たちもそれぞれ鎌倉に通ずる街道をつくっている。たとえば、美濃遠山庄の遠山氏や信濃小県郡塩田の北条氏などが鎌倉に通ずる街道をひらいたことが知られている（新城常三『鎌倉時代の交通』）。さきにあげた中尾峠や安房峠をこえて信濃にはいる鎌倉往還もそうした道のひとつであろう。

扇ヶ谷の切通し

　鎌倉を中心にこうして御家人たちがひらいたり、利用したりした道は網の目のようにひろがっていたと思われるが、いまその全てを知ることはとうていできない。しかし、関東を中心に鎌倉往還あるいは鎌倉街道であったと伝えられている道は断片的ではあるが何本もある。

　そうした何本もある鎌倉往還の中で最も長距離をたどることができるのは、鎌倉から府中を通って碓氷峠にいたる道筋である。これは『宴曲抄』に収載されている「善光寺修行」の記述をたどることによって知り得るのである。宴曲というのは鎌倉時代に貴族や武士などにもてはやされた謡物のひとつで、早歌《そうが》といわれるものであるが、その中には地名などが歌いこまれているのが特色で、「善光寺修行」では鎌倉から善光寺までの碓

氷峠をこえる道筋がうたいこまれている。そのはじめの部分をあげてみると、

「（前略）吹送る由比の浜風音たてて、しきりによする浦浪を、なを顧る常葉山、かはらぬ松の緑の、千年もとをき行末、分過秋の叢小萱苅萱露ながら、沢辺の道を朝立て、袖打払唐衣、きつつなれにしといひし人の、乾飯《かれいひ》たうべし古も、かかりし井手の沢辺かとよ、小山田の里にきにけらし、過こし方をへだつれば、霞の関戸今ぞしる。思ひきや我につれなき人をこひ、かくほど袖をぬらすべし、とは、久米河の逢瀬をたどる苦しさ、武蔵野はかぎりもしらず終もなし……（後略）」

といった調子で由比ヵ浜、常葉山、小萱、小山田、関戸、武蔵府中、恋ヶ窪、久米川、堀兼、入間川、大蔵、槻河、比企、荒河、見馴川、児玉、雉ヶ岡、鏑川、倉賀野、豊岡、板鼻、松井田、碓氷山、桜井、望月、海野、塩尻、坂木、善光寺とたどっていりたことを知ることができる。

この道すじのうち、鎌倉から府中までは武蔵大路として鎌倉時代にひらかれたものであるが、府中からさきはかつての東山道がほぼそのまま利用されているのではないかと思われる。そして碓氷峠をこえて望月のあたりから東山道とわかれて、後の北国街道として利用された道にはいり善光寺に達したもののようであるが、なおその先が越後に通じていたものであろう。

この道のうち、府中を中心として武蔵野を南北によぎる道は最近の開発によってきれぎれになっているが、ほそぼそとたどることができ、古くから武蔵野に住んでいた老人たちには鎌倉往還として記憶されているところが多い。消え残っている鎌倉往還をたどってみると、それは櫟林の中の草に埋れた細道であったり、細々とした畑中の小さな農道になっていたりするが、かすかに鎌倉の御家人たちが従者をつれて往来したころの有様をしのぶことができる。その道すじには恋ヶ窪のように古く宿場

があったといわれるところもあるが、台地の上にあがると、「かぎりもしらず終もなし」とうたわれるにふさわしい、荒野につけられた細道で、逃げ水の伝説でしのばれるような淋しい道であったことがわかる。そしていま小平市小川あたりの道ぞいには、そうした野中の道を旅人のために、何本かのマイマイズが掘られていたという。

マイマイズの井戸が現在よく残っているのは羽村町五の神であるが、ここもかつての鎌倉往還にそったところであったという。これはさきの府中を通る道とはちがうが福生市の押立から多摩川をわたって、羽村にはいり、五の神のマイマイズのあたりを青梅市新町の東部六道の辻とよばれるあたりで、金子から上州に通ずる上州道と、七日市場から笹仁田峠をこえて成木の谷にはいり、大沢入から小沢峠をこえて秩父にはいる秩父道とにわかれるが、この上州道、秩父道も鎌倉街道とよばれている。このほかにも青梅市内には平井本宿から日影和田をへて軍畑のあたりで多摩川をわたってはいり、秩父にいたる道も鎌倉街道といわれている。

鎌倉往還（小平市付近）

鎌倉往還あるいは鎌倉街道といわれるのは古代の七道や近世の五街道などとちがって、在地の御家人や農民などが、鎌倉に往来する道のすべてがそうであったから、特定の何本かの道だけでなく、無数にあったといってもよいのである。

マイマイズ

この項のはじめにあげた鎌倉往還はそのルートを正確にたどることは困難であるけれども、恐らく、鎌倉から足柄峠をこえて富士山の東麓にある籠坂峠、御坂峠をへて甲州にはいり、諏訪にいたる道の先端にあたるものであろう。

鎌倉往還といわれる道の大部分は幕府によってひらかれたものでなく、鎌倉に往来する人々によってひらかれたものであったから、通りやすいところを選んで峠や山腹をぬってつけられている。近世にはいって五街道を中心とする街道が整備されてくると、公の道としては忘れられてしまうものが多いけれども民衆には自由に通行できる間道として長く利用されてきたのである。

数多い鎌倉往還をたどって東国の人びとが政治や文化の中心地となった鎌倉に往来することによって、新しい文化がこれらの地方にはいり、定着することになる。と同時に東国と西国との文化交流もまた活発におこなわれるようになる。

2　秋葉街道

あきばさん

司馬江漢が『西遊日記』の旅の途中、掛川からはいった秋葉山に通ずる山の道は、秋葉道者が利用する何本もある秋葉道のいわば表街道ともいえるものであった。

秋葉山は静岡県周智郡春野町にある八六六米の山である。ここは古くから多くの人たちに神のいる山として信仰されてきた霊場のひとつである。現在はヒノカグツチノ神をまつる秋葉神社とその別当寺ともいうべき聖観音を本尊とする秋葉寺にわかれているが、これは明治維新のさいにおこなわれた神仏分離政策の結果であって、それ以前は神仏習合の火防の神として一般には信仰されてきた。そしていまもその信仰は根強く続いている。一般に「あきばさん」とよばれ、火防鎮護の神徳があるとして広く庶民に信じられているのは、秋葉大権現あるいは三尺坊といわれる、越後栃尾の蔵王堂にいた三尺坊主が大同四年あるいは永仁年間に秋葉山にのぼり真言秘密の修法に長じていたので、頭には火の神の威徳をいただき、身には仏の法衣をまとうて大いに霊験を説いたので庶衆みなこれに帰依し、三尺坊は火防の神の権化である、聖観音の権現であると信じられるようになったのだと伝えられているが、そうした信仰の本体についてはともかく、中世以来、火災焼亡、洪水沈没、弓箭刀杖の災厄に

秋葉神社

霊験があるとして多くの人から信仰され、江戸時代には数百万の信者が三万余の講社を組織していたという。秋葉信仰の講は秋葉講、秋葉月参講、秋葉代参講などとよばれてかなり広い範囲に組織されている。いま文化庁で作成した『日本民俗地図』により秋葉講の分布をみると、静岡、愛知、山梨、長野の南部、岐阜の美濃側を中心に関東・近畿地方に点々と分布しており、遠くは愛媛、岡山、富山、新潟、秋田、岩手、福島などにも僅かであるが見られる。これは現在ある秋葉講を地図化したものであるから、実際はもっと多く、さかんなころには中国筋から東北にかけて広い信仰圏をもっていたと思われる。

あきはみち

広い信仰圏をもち、多くの信者がいたから、参詣する道者の数も年々おびただしいものにのぼり、その通る道筋も大体きまっていたもので、それらの道の辻には「あきはみち」ときざまれた道標がたてられ、道案内の役もはたした。

秋葉道者の利用したいわゆる「あきはみち」は何本もあるが、こうした中で代表的なものは次の三本で、秋葉道、あるいは秋葉街道とよばれている。すなわち、

①遠州掛川から森、犬居をへて秋葉にいたるもの。東海道から近いので最も多く利用された。
②三河御油から鳳来寺を経由して熊を通り、天竜川をわたって秋葉にいたるもの。この二本をつなぐ道はさきにあげた江漢のたどった道で鳳来寺と秋葉の二つの霊場をつないでいる二所詣での道として東海道を往来する旅人たちにさかんに利用されたものである。
③信州飯田から遠山谷を通り、水窪を経て秋葉にいたる道。この道は遠州側では信州街道とよばれており、古くから信州と遠州をつなぐ大事な道であった。

なおこのほかにも浜松から二俣にでて雲名からのぼる道や大井川中流の川根から山をこえてはいる道などもあった。この川根からの道をたどって秋葉、鳳来寺を経由して御油にでると大井川の渡しや新居の関所、姫街道の気賀の関所などをさけることができるので、後暗いところのある無宿者や浪人などが利用することが多かったといわれている。秋葉・鳳来寺道もそういう点では関所をさける裏街道だったし、飯田からはいる秋葉街道も官道をはずれた裏街道になるわけで、秋葉道はいずれも政治の及ばない庶民の自由な道であったということができる。

秋葉の道標

二所詣での道である秋葉・鳳来寺道についてはさきに江漢のあとをたどりながらのべたので、ここでは信濃からくる道についてみてゆくことにしたい。

信州街道

信濃からの道は遠州側にはいると信州街道という名でよばれている。古くからの道であるがけわしい山の道である。

この道は秋葉山頂の境内の北限にある山姥の機織りの井とよばれる小さい池のあたりから、尾根筋をたどってゆく。途中で川根から山をこえてきた道と一緒になって前不動峠にいたり、そのまま尾根をたどる道と、山腹におりる道とにわかれる。尾根をたどってゆくと秋葉山の奥の院として不動尊をまつっていた竜頭山をへて、山住山の鞍部にある山住神社にいたる。山住神社もその神使である「お犬さま」がクダショウだとかクダギツネなどとよばれるツキモノをおとすのに験があるとか畑を荒すケモノを追い払うのに効果があるということで三信遠の村々では広く信仰されている神社である。いまもこのあたりの村々では山住神社のお札を門口に貼ったり畑にたてたりしているのをよくみかける。そういうことから山住と秋葉をかける道者もかなりいたという。山住神社から下ってゆくと向市場から水窪は近い。この道は水窪から秋葉にいたる最短距離であるが、何分にもけわしく、人家の全くないさびしい道であるから、一般にはあまり利用されなかった。道者たちの多くは前不動峠から天竜川ぞいの斜面におりて、その山腹をたどって西渡にわたり、水窪川の谷にでて、水窪にいたり、青崩峠をこえて遠山谷にでたものである。この道ものぼり下りの多い、まがりくねったけわしい道であるが、ところどころに村があり、宿や茶店などもあった。

前不動から下ると中腹に下平山の日入沢部落がある。信州街道をたどってきた道者たちの秋葉山への登り口になっており、日入沢の八幡様を一丁目として秋葉山頂まで五〇丁、一丁毎に丁目石がたてられている。そして日入沢には道者たちが休むための茶店や何軒もの宿屋があったという。参詣客のもっとも多い火祭りの頃には何百人もの道者たちがこの宿に泊り今では想像もできない賑いであったという。道者というと白い行者衣を着て笠をかぶり杖を持った特にそれとわかるような服装をした人たちの群を想像するが、信州からくる秋葉道者は、そういう人もいたが、普段のままの仕事着などでくる人も多く、宿もつめ込みのごろ寝であったという。下平山から船代、上平山、名古屋、岩井戸などという集落をつないで道は続いているが、これらの集落はいずれも山の中腹にある。現在の天竜川にそった道からだとはるかに見上げる高みにあり、いまはこれらの村々をつないで車のはいれる道がついているが、これは林道として新しく開鑿《かいさく》されたもので、古い道はそれよりももっと上を通っており、いまでは見事に植林された杉林のなかに埋れてしまって消えうせたところが多い。

青崩峠

このあたりはいずれも山がけわしく、傾斜が急で、屋敷にし、畑にひらくような平地は殆どないところであるが、中腹がわずかに段丘になっており、傾斜もゆるやかであるから、そういうところをえらんで人が住みつき、村をつくってきた。傾斜がゆるやかであるといっても平地ではない。ひらいて畑にするようなところは少いので、ここに住む人たちは山にはいって杣や木挽の仕事をし、そのかたわら山を焼いて粟、稗、芋などをつくって暮しをたててきた。信州街道はこうした村々をつないで通りやすいところを通っている。だから村の中にはいると家の軒下や、母屋と台所の間の細い通路を通るようなところもあるし、村の屋根だけをみてはるかに上をゆくところもある。谷にかかるとそこから奥にわけいって細い丸木橋をわたり、また同じほど下って山腹をたどるところもある。隣の家が三百米ほどしか離れていないのに間に谷があるために谷奥までつめて渡らなければならないので小一時間もかかるところもある。家を出るとき隣の家に声をかけておくと、ついた時には麦飯が炊きあがっているというので、ここには麦飯まがりなどという愉快な名前がつけられている。山の暮しのきびしさを物語っていると同時に、そういう中でもゆとりを持ってたくましく生きてきた人たちの婆をこうした中にみることができる。いまこのあたりの山々は全山杉が植林されて、見事な美林となっている。良く手入され、すくすくとのびた杉林は豊かさを感じさせる。それはここに住む人たちのゆとりを失わぬたくましい生活力がつくり出した景観である。

岩井戸をすぎて大滝との間に細い谷がある。ずっと昔の信州街道はこの谷をのぼって山をこえ平和にでて水窪川をこえて西渡にはいっていたという。かなりのまわり道になるが、山になれた人たちはそこが安全であれば少々のまわり道は苦にしなかった。

西渡は水窪川が天竜川に落合う地点にある。

天竜川中流に発達した川の港の一つである。天竜川中流域は三信遠の国境いをなす深い山地であるが、ここに繁茂する林木は早くから天竜川の水運を利用して掛塚まで流され、掛塚から海路を消費地にはこばれていた。西渡は伊那谷から流されてきた筏を組みかえ、また水窪川をバラ流しで下してきたものを筏にくむ土場の所在地であった。また近世にはいると川舟の通船もおこなわれるようになり、それで運ばれてくる物資の中継集散地として重要な位置をしめていた。そうしたことからここには筏師や船頭相手の宿や店が多くあり、秋葉道者にとっても大事な休場になっていたのである。西渡の集落は天竜川ぞいの斜面に階段状に家が並んでおり、道は坂道である。そして集落を抜けるとより急坂の八丁坂をのぼって明光寺峠にかかる。ここにも茶店があった。峠をこえると道は水窪川の深い谷を見下ろす山腹を縫って瀬戸、間庄、立原、横吹などの小さな部落をぬけて水窪川の谷におりて水窪に達する。

水窪は山間の小さな盆地で、僅かながら平地もあり、古くから宿場町として、また市などもたつ物資の集散地として町場を形成していたところである。

水窪から道は西浦の谷をさかのぼって青崩峠をこえて、信州遠山谷に通じている。

山間の文化

信州街道が通っている一帯、現在の水窪町、佐久間町、天竜市、春野町それに大井川中流の川根町にかけての山地は、平安時代には山香荘あるいは奥山荘ともよばれ、後白河法皇の持仏堂、長講堂を領家とする荘園であったといわれる。そして絹、真綿、紙などを出し、また豊富な木材を伐り出して榑木などを生産し送り出していた。『熊村誌』によると、

「昔このあたりの村々では作物の初穂をとり集めて大内に奉り、その上大番役と称して庄屋・百姓交代で上京し、禁裏の御番を勤めていたが、戦国時代には、作物の初穂をとりあつめて貢物と称

し、山上で焼いて天に奉納し、その灰をすべて神社や古木の根に納めるようになっていたという。」としるされている。生産力も低く、人口も稀薄な山間の不便な土地であったけれども、この山地特有な産物はあり、それはまた都の貴族の生活にとって必要なものであったから、そうしたものを通じて早くから中央とかかわりあいを持ち、人の交流はあったので、僻遠の地であるからといって外と交渉をもたず孤立していたのではなかった。

三信遠の国境地帯をなす、この山間は「まつりのふるさと」とよばれるほどに特色のあるまつりが多く、それにともなう民俗芸能が保存されて現在につたえられているが、それはこの山地が外の世界と深いかかわりをもち、早くから人の交流もおこなわれていたことによってもたらされたものであろう。

「西浦の田楽」とほかの人たちからよばれている芸能もそういった特色ある芸能のひとつである。これは毎年旧暦の一月におこなわれる西浦のまつりのハイライトとして、一八日から一九日にかけて、所能の観音堂の前庭で奉納される。芸能を奉納するこのまつりは、もともと年のはじめにあたって五穀豊饒、子孫長久を祈願しておこなわれる正月行事であったと思われるが、それに何時の頃からか田遊びや田楽、猿楽系の芸能が加わってはなやかなものになっていったのであろう。このまつりは観音のすぐ下にあって観音のお守をする別当家と能衆あるいは公文衆とよばれる二五人の人々が中心になっておこなわれる。西浦というのは水窪川の支流翁川の両岸、中腹にある新細、大栗平、大久名、桂山、梅島、上鶯巣、池島、辰之戸、所能などの小さな集落の総称で、能衆はこれらの部落に住んでいる。公文というのは荘園時代の年貢とりたての家であり、このあたりではオカタともよばれる草分け的な家であったと思われる。公文以外の能衆をつとめる家も旧家であるといわれている。いずれにしろ古くは親方的な性格を持っていた家々を中心にまつりがとりおこなわれているのであり、そこに古い時代のこのあたりの村落組織のあり方をみることができる。そしてまつりは一月七日に別当家の当主がまつりにつかう稗酒をつくる桶を出すことからはじまり、一一日の稗酒の仕込み、別当迎えがあり、一五日鬼ぐすつくり、一六日の準備、別当祝い、能衆祝いなどの行事を経て、一七日には観音堂の御開帳があり、祭具、面などの調整をして、オンカイ迎えをする。そしてその夜は観音堂の幕屋で八番の舞をまう。そして一八日の朝、天狗まつりを別当家の天井裏で別当がおこなう。これは神降しであるという。午後楽堂をつくり、おこない、御酒上げの儀式などをして行列をつくって庭上りをし、舞がはじまる。まず地能三三番が演ぜられ、ひきつづいてはね能一二番がまわれる。そして最後に獅子舞があり、神送りの儀式であるしずめで終る。しずめがおこなわれるころには長い冬の夜もしらじらとあけそめてくるころになっている。

西浦の田楽

これは「西浦の田楽」という名で知られている。その舞の中にはびんざさらを持ち、笛・鉦・太鼓にあわせて踊る田楽おどりや高足など田楽系のものもはいっているが、それが中心になっているのではなくて、田打、種まき、鳥追いなどの田遊び系の舞もはいっており、後段のはね能は多分に古い猿楽能の面影がのこっているという。西浦のまつりがいつ頃からこのような形でおこなわれるようになったのか知ることはできないが、中世におこなわれていた芸能のいくつかが、この山中でこのような形に習合されて現在までうけつがれているのは大変興味のあることである。これは全く推測でしかないが、初めからいまある様な形で西浦にはいってきたのではなく、何回にもわたってもちこまれ、つけ加わって現在のようになったものであろう。

この山間の細くけわしい道を往来するのはこの山地に住む人ばかりでなく、外の世界の人も多かったし、そういう人たちの中には高い文化を持った人も多かった。そして、この山間にはそういうものをうけとめ、定着させる力があったのである。

遠山谷

西浦の谷をつめて、青崩峠をこえるともう信濃である。遠州側が奥山とよばれていたのにたいして、信濃側は遠山という名でよばれていた。

遠山……はるかなる山なみのかなたのかくれ里をしのばせる。赤石山脈と伊那山地に東西をさえぎられて、遠山川とその支流がつくる谷は南北に細く、秋葉街道はこの谷にそって和田や上町の宿場町を形成している。上町から小川路峠をこえて飯田の町にでる道と、そのまま谷をさかのぼって程野から地蔵峠をこえ大河原に下って鹿塩を通り、分杭峠をこえて高遠の城下にでる道とにわかれている。そして、この道は高遠から杖突峠をこえて諏訪まで通じている。いくつもの峠をこえなければならない谷の道であるけれども、ほぼ一直線に南から北に通り抜けることのできる道であった。現在の感覚からすると、容易なことではないが、徒歩のみで往来するということになると、そうしたところが重要な交通路になるのである。

遠山・上町宿

奥山に荘園が成立したのも、ここに都の貴族たちが必要とする産物があったと同時に、そこが重要な交通路にあたっていたことも理由のひとつになるであろう。遠山もまた鎌倉時代の初めには荘園であったことが知られている。江儀遠山荘といった。その後、ここには鎌倉を本国とする武士が落ちてきて、家をおこして地名をそのままとって遠山氏を名乗り、近世初期まで領主として支配していたが、相続争いをおこしたことから、幕府に所領を没収され廃絶のうきめにあったという。ところが一説によると、遠山氏の苛酷な収奪に耐えかねた領内の百姓が一揆をおこして、領主とその一族を殺してしまったという。その後三年間も飢饉が続き、悪病がはやった。この谷の人びとは、遠山氏を殺したたたりであろうというので、遠山氏一族を神としてまつり怨霊をとりしずめるため祭をおこなうようにしたのが「遠山まつり」の名で知られている「霜月まつり」のはじまりだと伝えられている。

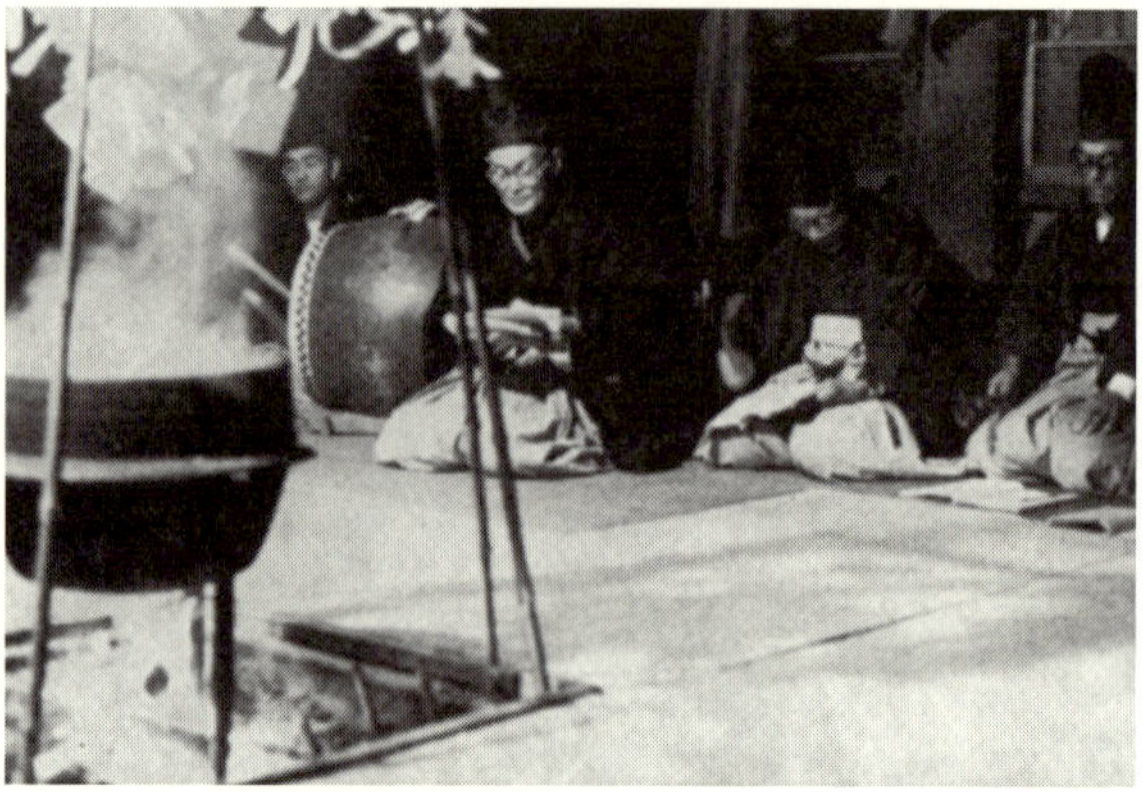

湯立の神楽

霜月まつりはいまも一二月の中頃遠山の和田、木沢、上町、下栗、程野など一七ほどの部落でさかんにおこなわれているが、本来は春をむかえるにあたっておこなわれる冬の行事、——鎮魂・予祝のまつりであったものと思われるが、後に遠山氏の怨霊をとりしずめるための行事が加わったものであろう。このまつりの中心になっているのは、湯立の神事であり、古風な湯立神楽の作法を残していることで知られている。そして、この霜月まつりと同系統の湯主神楽は「坂部の冬まつり」「新野の雪まつり」三河の設楽の村々でおこなわれる「花まつり」など、三信遠の国境地帯に広くみられる。

西浦の田楽や遠山の霜月まつりなどの特色あるまつりや芸能が、この山間に数多くみられるということは、この山地が古くから広い外の世界と深いかかわりあいを持っていたと同時に、山地の村々の間にも常に往来、交渉があって、文化の交流があったことを物語っている。

秋葉街道は山腹をつたい、谷をわたり、峠をこえて奥へ奥へとはいってゆく、細い細い間道であったけれども、村と村をつなぎ、人と人を結んで文化を伝えるのに大きな役割を果した道であった。

五　峠越え

1　北上山中の塩道

三陸の塩

岩山がそのまま海までせりだし、きりたった断崖となって落ちこんでいる。海岸線は出入がはげしく鋸の歯のようである。太平洋の荒波がさかまいて岩にあたり、しぶきをあげている。観光ポスターでよくみかける三陸海岸の風景である。詩情をそそり、旅ごころをさそう。こうした絵にひかれて三陸を訪れる人は多い。

ゆきずりの旅人にとっては心ひかれる風景であっても、この海辺に住み、暮しをたてている人にとって、ここは何ともきびしく、荒あらしく対決をせまってくる自然である。

平地の少い海岸のわずかに平なところを見つけて人は住んでいる。そこは小さな川が海に注ぐあたりであったり、狭い海岸段丘の上であったりする。耕地にひらき得るようなところが少い上に、冬が長く、夏の短い気候は農業生産には大きな制約を与えていた。稲作は長いこと見込がなかったし、山畑をたがやしてヒエ・アワ・マメなどの雑穀類を主につくっていたが、それは充分なものではなかった。ようするに農業では生活のできにくいところであったから、この海岸にある村の多くは海を相手にして、魚をとり、海藻をひろい、そして潮をくんで塩をつくって生計をたててきた。内海とちがって太平洋は危険の多い海であるが、それを恐れなければ海の幸は多かった。

　海を相手に生業をたててきた三陸海岸の村々の中で製塩を主にしていた村は多かった。古く時代をさかのぼれば海に面した村の殆どが、塩をつくって北上山地やそれをこえて内陸部の村や町にはこび、コメやヒエなどと交換していたといってもいいほどである。そして三陸海岸の背後につづく北上山地には、海辺でつくられた塩をはこぶための道が無数といってよいほど縦横につけられていた。

三陸海岸（宮城・唐桑半島）

　塩をつくるといってもこのあたりでは塩浜のつくれるような場所はないので、上ヶ浜や大浜のように塩田をつくって、まず濃い塩水をつくり、それを煮つめるという方法はとれなかった。
　ちなみに三陸海岸で塩田法による製塩をおこなっていたのは、宮城県では北上川河口に位置する渡の波、野蒜、大川などがあったが、岩手県にはいると、大槌浦の浪板にごく小規模な塩田があった程度で、そのほかのところでは直接海水を煮つめる直煮法あるいは素水製塩といわれる方法でつくられていたのである。
　天明五年（一七八五）八月西津軽郡の海岸を歩いた菅江真

澄は黒崎浜でこうした製塩法をみて

「この浜の海士、あなないのたかきにのぼりて、はねつるべして寄来る浪をくみて筧にながし、貝釜におとしいれて、塩やきたり。たれ潮でふものは、磯におはします神の好給はねば、みなかかる貝をねりて釜となし、あら汐をそのまま煎てけると。見ならはぬ、しほやのさまなり」

と「そとが浜風」に記している。南部から津軽にかけての海岸ではこうした製塩法が、明治三八年に塩専売法が施行されて、能率の悪い小製塩地が整理されるまでおこなわれていた。

岩手県野田村の玉川も古くから塩たく村として知られていた。ここは明治三〇年代にはマエカマ・ウシロカマ・改良釜とよばれる三軒の釜屋があって、四〇戸ほどの部落の家々が、一三、四戸ずつ組になって順番をきめ、交替で塩をたいていた。塩釜は古いころは真澄の記録にあるような貝殻を焼いて粉にして粘土とまぜてつくった貝釜をつかっていたが、江戸時代の中頃には鉄釜を使用するようになっていた。鉄釜は深さは五寸ほどと浅かったが直径一二尺もある大きな円型のもので、何枚もの鉄板を貼りあわせたものであった。北上山地には多くの鉄山があって、鉄の入手が容易であったから、早くから鉄釜が使用されるようになったものであろうが、鉄釜をつくるには鉄板、鍛冶屋の手間賃などかなりの金額を必要とした。『塩業全書』によると明治末頃で三五三円一一銭かかっている。これだけの金額は現金収入の殆どない人達にとっては容易に調達できるものでなかったので、旦那に出資して貰ってつくるのが普通であった。釜の持主は旦那であり、部落の人たちはその釜を使用して塩をつくるという形式であった、旦那のことを胴主といい、直接塩をたく人たちを煮子といっていた。侍浜では一釜たくごとに四斗を役塩といって胴主に納めていたという。玉川の場合ウシロカマは野田の佐藤氏、マエカマは佐藤氏か大沢氏かが胴主であったという。一釜は六、七石の海水がはいるほどの大きさであるが、初めに海水を一杯いれてたくと水が次第に蒸発してくるので、つぎつぎに海水をつぎたして、一昼夜煮るとしだいに煮つまって塩が結晶してくる。そうすると火を落して塩を出し、苦汁をとって塩俵につめるのだが、それまでに海水を六六、七石汲みいれたものである。そして三石五斗からよほどいい時で四石ていどの塩がとれた。二斗五升で一俵にしていたというから、一四俵から一六俵位の塩が一釜でとれていたことになる。煮子は一昼夜（一釜）ずつ交替でたいていたが、一年に一軒で一〇釜もたくのは大変で、七、八釜たくのが多い方であったというから、多い家で三〇石くらいたいたものであろう。

平庭峠を越えて

こうしてたいた塩は牛や馬につけて北上山中の道を葛巻、沼宮内を通って盛岡や岩手山麓の雫石あたりまで運び米や稗などの穀物と交換してきたものであった。現在では、こうした方法で塩をつくり、売りにいった経験者はほとんどいなくなってしまって、話をきくことは困難になっているが、玉川の根井亀次郎さん（明治二三年生）は少くなってしまった経験者の一人であった。亀次郎さんによると、九歳の時と、一二、三歳の時の二回、祖父につれられて雫石までいったという。このあたりの塩たきが終りになる直前のことである。盛岡にいくというので子供心にも喜んでついていったら、盛岡ではなく、雫石であった。同じ玉川の人、二、三人と組になって、一人が七、八頭の馬に二俵ずつの塩を負わせて牽いていった。玉川から野田にでて、下戸鎖、小国、関、平庭峠、葛巻、沼宮内、大更など

塩の道・平庭峠への登り口

の村を通って雫石にゆくのがルートであった。途中で平庭峠の下と沼宮内にはいる手前で泊り、二泊三日の行程であった。泊るといっても宿や民家に泊めてもらうのではなく、野宿をするのである。

平庭峠の中腹には一寸した平地があって、よい水が湧いており、牛馬の飼料にする草もよく生えているので、ここを泊り場にしていた。七、八頭分の塩俵と荷鞍をおろして、積みあげると、五尺くらいの高さの壁ができる。これを支えにして木の枝をたてかけ、その上に雨おおいのゴザをかけると、片流れの簡単な小屋になる。鍋と米・味噌は持っているので自炊をする。馬は草のあるあたりにはなしておくと勝手に草を食い、夜は一ヵ所に集ってすごす。慣れない山中では馬もあまり人から離れないものだという。

亀次郎さんが祖父についていった頃になると馬に積んでゆく人が多かったが、それ以前には牛が多く、盛岡あたりでは塩をつんでくる牛を野田ベコとよんでいた。その頃でも山形村あたりでは牛が多かったものである。現在では馬の方が体格がよくて足も早く、力も強いので、運搬するにも馬の方がよいとされているが、馬がいまのように大きくなったのはそんなに古いことではなく、木曽馬やトカラ馬のように小さいものであったから、運搬や農耕には牛が多くつかわれた。特に山道を歩くには牛の方がよかったものである。北上山地は早くから中国山地につぐ鉄の産地として知られており、多くの鉄山があり、その鉄山で生産された鉄や、材料の砂鉄あるいは鉄山に必要な物資・食料などを運搬する仕事がたくさんあったので、早くから牛がたくさん飼われていたのである。

牛の場合も一人で五頭から七、八頭をひいていった。一人の牛方がひくのをヒトハヅナといい、先頭にはカゴ角といって角振りの良い強い年を歩ませ、鞍・胸ガイ・前打・腹帯なども揃いのものをつけて、列の一番後ろからはワガサとよばれる力も強く、毛色の美しい牛を歩ませ、追っていったものだという。牛は強いものから弱いものまで、序列があって、実力のわからない新しい牛がはいると、角突きをして、列が乱れたり、怪我をするというような事故がおこるので、それを防ぐために、野田あたりでは毎年川原などで角突きをして序列をきめたものであるという。また馬はたったままかたまって寝るが、牛はヒトハヅナの牛が狼などから襲われないように尻を内に向けて円陣をつくって臥せるので、人はその間にはいって牛の腹にもたれかかるようにして寝ると暖くて大変よかったものであるという。

そういうふうにして目的地につくと、毎年きまってゆくので、世話になる家はきまっていた。亀次郎さんの祖父は雫石のサルゴという家を宿にしていた。その家に三日くらい滞在して塩とコメ・アワ・ソバ・マメなど穀物と交換するのである。野田ベコがきたというと、村の人が穀物を持って集ってきたものである。交換の割合は一定したものではないが、「米一升塩一升」というのが大体の標準であって、つけていったとほぼ同量の穀物をつけてかえった。米といっても玄米ではなく、籾のままのものであったという。

野田の海岸でつくられた塩は、このようにして北上山中の道をたどって、沼宮内、盛岡、雫石などの内陸部に運ばれ、穀物と交換されたものであるが、さらに遠く、雫石から仙岩峠をこえて秋田領の村々に運ばれることもあった。

寛政四年（一七九二）に野田四ヵ村から、

「野田浦で煮た塩は鹿角地方に附出し、材木や雑穀と交易して飯米にしてきたものであるから鹿角地方から附出す穀類を留められるのは大変困ることなので、許可してもらいたい」

という申請書が出されている。

また九戸郡葛巻村の三浦家は北上山地で生産される鉄などの産物を手広く扱う豪商として知られた家であったが、文政一一年（一八二八）には塩の販売権をも得て、久慈や野田で生産された塩を沼宮内や盛岡、遠くは鹿角を中心とする秋田領にまで運んでいた。秋田領からは帰り荷として酒米を輸入し、野田鉄山などに販売していたという。（『日本僻地の史的研究』上、森嘉兵衛）塩は直接生産者が山野に野宿をしながら運ぶ以外に塩問屋の手を通して運ばれるものも多かったのである。塩問屋の荷物はこのあたりでダンコ（駄子）という駄賃付けによって運ばれたもので、山形村の関や小国には、ダンコのための牛宿や荷宿が何軒もあった。

関の本村から平鹿峠をこえる旧道をたどってゆくと峠の登り口にかかるところに馬寄平というところがある。いつの頃か合戦にそなえて馬を集めたのでその名がついたという。ここに馬場さんという古くから荷宿をしていた家がある。一般に南部の曲り家という中門造りの大きな二階屋である。いまはこの道を通る人も稀になってしまったが、大正初め久慈と川井を結ぶ県道ができるまではこの道が沼宮内と久慈・野田を結ぶ主な道で年中人通りの絶えることがなく、冬の積雪期でも道踏みをして通れるようになっていたものだという。海岸で煮た塩と山中で生産された鉄をつけて牛や馬が越えたし、また、沼宮内や葛巻から米をつけた牛がやってきた。そしてここを通る人は皆、馬場さんの家で休んでいったもので、入口をはいってすぐのところに三尺のイロリがきってあって、草鞋のまま踏みこんで火にあたれるようになっており、火を絶やしたことはなかったけれども、いれかわりたちかわり人が出入するので灰がたまるということはなかったものだという。野田から塩をつけて、つけ通しで運ぶ人はこの家で休むだけであったが、ダンコの場合にはここで葛巻から米をつけてきた牛方と荷物を交換して、引きかえしていったものであった。野田からくる塩は途中戸鎖あたりで泊ってくるのか、丁度昼食頃にここに着く。葛巻からも昼頃について、馬場さんの家で弁当をたべ、荷を積みかえて帰っていったものであった。夜になって着いた場合には泊っていったもので、馬場さんのお宅に残っている「萬覚帳」をみると

いぬ（文久二年）四月二八日

馬十三疋　　人三人

五百五拾文　　まめ代

八十文　　ひえから

二百五拾文　　はぎ

六百文　　三人米代

二十文　　ろうそく

〆壱貫五百文　　かし
　ゆう作様
などと記録されている。またこの家では荷おくりの中継もやっており、葛巻あたりの荷主の塩・米・鉄などを駄賃で運んだ控も記されている。
　小国の木地谷惣太郎家でも明治二〇年代から三〇年代にかけて牛方を使って中継をおこなっており、「米塩附入附出し帳」「塩附帳」などが何冊か保存されている。それをみると荷主は葛巻の石橋宇太郎、沼宮内の小田市太郎、同久保兼吉、宇部村大崎善六、同金之助、同勘助などで、附人（牛方）はその姓からみて小国や関の人達が大部分である。いま明治二七年の「塩出入帳」をみると、旧三月二四日から五月四日までの間に宇部村大崎善六荷塩五九駄、葛巻村金之助荷六九駄内鉄二駄、塩六七駄、土手荷五四駄、内塩五一駄、米三駄、合計一八二駄を附入れ、そして附出している。この帳面では

馬寄平の馬場家

どこからどこまで運んだものか地名の記載がないのでわからないが、塩荷附入れの場合は野田あるいは宇部から小国まで運び、一日乃至二日木地谷の蔵にとめおいて附出している。附出しは葛巻あたりまで送ったものであろう。あるいはもっと近く、戸鎖から小国、そして馬寄平あたりまでだったかも

知れない。一駄について駄賃銭の支払は七銭及び八銭である。そして荷蔵敷を土手荷の場合一駄八厘とっている。なおこの駄送に従事したダンコの延人数は附入で四四人、附出し四〇人の八四人になるが、実人員では、二四人である。平均すると一人が三・五回で一五駄強を運んだことになる。中で一四回で八〇駄運んだ人が最も多い。これだけでは何ともいえないけれども、この山中の農家にとってはこうしたダンコの仕事は農閑の稼ぎとして重要な生業のひとつになっていたのである。そしてこのダンコづけは塩たきが専売制になって廃止され、鉄山の仕事がなくなる明治の末になるとずっと少くなって、炭焼がそれにかわって主な仕事になってくるのである。

ここでは主として野田の海岸でつくられた塩を運んだ平庭峠ごえの塩の道についてみたが、三陸の海岸では明治の末年までいたる所で塩がたかれており、同じような方法で北上山中の道をたどって内陸部にはこばれていたのである。そのうちのいくつかをあげてみると、久慈の海岸や侍浜でつくられた塩は久慈から戸鎖にでて野田塩の道に合し沼宮内、盛岡にでる以外に川井、伊保内をへて福岡通りに、あるいは軽米をへて五戸通りに運ばれていたし、田野畑の海岸でつくられていた塩は岩泉を経て門横道、藪川などを通って盛岡に運んだ。田野畑村の菅ノ窪は海岸から少しはいった山間の村であるが、ここでは塩木を伐って平井賀、明戸などにある釜屋に運び、生産された塩を夏は盛岡に、秋から春にかけては岩泉に牛につけて運んだという。岩泉は日帰りであったが、盛岡には往復で二週間かかった。盛岡では塩宿に泊ったが途中は野宿であった。宮古からは川井村を通って盛岡へ、大槌、釜石からは遠野にでて、花巻あるいは岩谷堂にいたる道が主に利用されたが、この道は途中に遠野盆地を控えているだけに、海岸と内陸部をつなぐ最も大事な道でダンコの数も多く、賑わったものであった。

界木峠から遠野（岩手）

そのほか大船渡から岩谷堂にでる道、高田から大原をへて平泉にでる道、気仙沼から折壁、一の関にでる道などが、海岸と内陸部をつなぐ主な道であったが、そのほかにも数多くの枝道が縦横に通じており、海と山と里はこうした細い道を通じて、強くつながっていたのである。

2 飛驒山脈

飛驒ブリ

野田泉光院が心細い思いをして越えた野麦峠ごえの道は、信濃の人びとにとって正月の魚としてなくてはならぬものとされていた飛驒ブリの道であった。

海から遠い信濃の人びとの中にはブリは飛驒でとれると思っていた人も多かったという。それほど飛驒ブリの名はこの山国の人にとってなつかしいものであった。もちろん海の魚であるブリが、信濃よりもっと山深い飛驒でとれるはずはないが、これが全て飛驒の高山を経由してはいっていたからそうよばれたのである。飛驒ではこれを越中ブリといった。越中から能登の海岸では冬になるとブリが群をなして回遊してくる。それを台網という幅一〇間、長さ五〇間ほどの大きな藁網をかけておいてとり、塩づけにして送り出したのである。戦国時代には越中海岸で台網が使用されたという記録があるから、越中ブリの生産はそれほど新しいことではないようだ。

江戸時代から明治にかけて台網漁が盛んであったのは越中と能登のさかいにあたる灘浦地方であったが、ここで冬とられたブリは多く氷見の問屋に運ばれ、そこから各地に移出されていた。近いところは生のまま、遠いところは塩ブリにして運ばれた。

塩ブリにするものは、まず腹をさいて腸を出し、骨と肉の間に包丁をいれて、その間に塩をつめる。四斗俵一俵の塩を三、四〇本のブリに使ったという。塩をつめたブリは大きな桶に互ちがいにいれて四、五日おいておき、つぎにそれを裏がえしにして、上に空の塩俵をかぶせて石を重しにする。そうすると塩汁がでて四、五日するとよく塩がしみてできあがる。それをむしろをしいた竹のあらい籠に四本ずついれて、上からもむしろをまき、縄をかけて梱包する。これを一行李というのだが、大体八貫目ぐらいある。人の背でボッカが運ぶ場合には三行李を一荷としたが、馬につける場合には四行李、三二貫が一荷であった。

信濃にはいった飛騨ブリは、氷見の問屋から高岡、富山、笹津、庵谷峠、蟹寺、茂住、船津、古川をへて、高山にまず運ばれた。氷見から富山までは道もよかったから馬の背で運ぶことが多かったが、それから先は山道であったから、ボッカによって運ばれた。ボッカというのはセイタに荷物をつけて運ぶ人のことである。高山まで荷主がついていく時は通しでいったものだが、送り荷の場合は仲継でいったものである。通しの時には氷見を日暮れにでて、富山で夜があけ、その日は茂住までいって泊り、翌日は古川に泊って、その翌朝早く高山についていたという。氷見から富山まで一〇里、富山から茂住まで九里半、茂住から古川まで八里半、古川から高山まで四里、合計三二里、上り下りの多い山道が大部分であり、途中には籠の渡しのような難所のあることを考えるといかに強行軍であったかわかる。仲継で送る時にはこれほどではなく往復で七日、雪降りの時には一〇日以上もかかっていたという。この道ぞいの村々にはボッカ稼ぎをする人たちが多かったもので、大沢野町の大久保・笹津には明治の終り頃で四〇人ほどのボッカがいたという。ほかの村にも多かった。

高山にはいった塩ブリは川上という問屋が江戸時代から一手引受の特権を持っていて、全てここの蔵に納められ、ここで改めてから飛驒の村々から信州・美濃に送られたものであった。向山雅重さんの「飛驒鰤の話」（『山村小記』所収）によると、川上問屋は番所をも兼ねていて一行李につき三銭から五銭の運上金を明治二八年頃までとっていたという。旧正月前にここの蔵にはいる塩ブリは八千行李、少くても五千行李は下らなかったという。

高山から各地に送られた飛驒ブリはつぎのような経路をたどって信州にはいっていた。

高山の商家

高山から益田街道にそって下呂まで下り、下呂から付知にでて、坂下から馬籠峠をこえて妻籠にはいり、大平峠をこえて、伊那谷にはいるルートと、益田川をさかのぼって野麦峠をこえてはいるものとあった。野麦峠をこえたブリは奈川谷にはいって二つにわかれる。そのまま奈川谷を下って松本にはいり、大町・上諏訪・塩尻地方に配給されるものと奈川谷の寄合渡から境峠をこえて木曽藪原にでて福島を中心とする木曽谷とさらに権兵衛峠をこえて坂下にはいり、高遠、上穂、平出などに配られるものであった。

なお大町から松本平には糸魚川から千国街道（糸魚川街道）を通ってはいってくるもの

もあった。これは糸魚川ブリといわれていた。

糸魚川ブリは飛驒ブリにくらべると辛塩であった。これは越中・能登でとれたものを越後の商人が買って、帆船で糸魚川まで運び塩ブリにして出すのだが、糸魚川まで日数がかかるので、さきに塩をふって手入をしておくのである。塩を多くつかって辛塩にすると長持はするけれども、身がしまって大きく見えないし、味もそれだけおちるのである。糸魚川ブリと飛驒ブリは腸をぬくときの包丁のいれかたがちがっていて、すぐにわかったものである。糸魚川ブリは真腹切といって、腹の正中線に包丁をいれて腸をぬいていたが、越中本ブリともいう飛驒ブリは腹の中ほどに包丁をいれていた。

ボッカ

益田街道を下って木曽にはいり、伊那にむけられるブリは主に馬ではこばれた。この道中では長いところで三里くらいの間隔で宿場があったから、街から宿を継立てで送られたものである。そのため宿の問屋場では午後一時から二時頃にかけて継立ての馬があつまり、にぎわっていたという。馬方は一人で二、三頭をひいていた。木曽と伊那の境にある大平峠や権兵衛峠は長い峠であったから、峠の頂上で向うの宿の馬と荷を交換して帰るという方法をとることが多かったという。益田街道や木曽街道は道がよかったから荷は馬で運ぶことが多かったが、野麦峠はこれらの道にくらべるとはるかに険阻で馬では越せなかったので、ボッカや牛で運んだものである。牛は馬にくらべると歩みはのろいが、用心深いので、上り下りの多い山道や崖道をゆくのは牛のほうがよかったし、また在来種の小型の馬にくらべると力も強かったので、山中での物資の運搬には牛を使うことが多かった。

松本あたりでは、飛驒ブリは、野麦峠のボッカあるいは飛驒のボッカが運んできたというように記憶している人が多い。牛も使われたであろうが、ボッカの背で運ばれることが多かったのであろう。野麦峠をこえるボッカたちは何人かが隊をくんで行動していたもので、途中で事故などがおこった時には、責任者である年寄行司がさばきをつけたものであるという。奈川谷あたりでは「ずるいことは飛驒のボッカでもする」という諺がある。ずるいというのは身体の動きが鈍くてゆっくりしているということ意味の方言であるが、そういうたとえに使われるほど、ボッカは慎重にゆっくりゆっくり歩いたものであった。ボッカの標準荷というのは五〇貫（約一八八キロ）で、三〇貫（約一〇三キロ）くらいしか持てないものはボッカ仲間ではまだかけ出し者あつかいであったという。それほどの重量を背負ったのではとても急げるものではない。永年ボッカをやって道慣れた人を先導にして、一定の歩調で、休み休み歩いていったもので、朝でる時も夕方宿につくときもその歩調は全く変らなかった。一日に歩く距離は大体、三里か四里くらいであった。大体それくらいの距離のところにタマリと呼ぶ、ボッカ宿もする仲継所があって、その間を運搬したものであった。

野麦峠頂上

これは野麦峠をこえたボッカではなく、越

芦峅寺

中八尾町から大長谷《おおなかだん》を通って飛騨大野郡にはいるルートで働いたボッカの話だが、一八歳までは赤フンドシ、それ以上になると白の越中フンドシをして、素肌の上に布きれをさいて編んだネコダを着たり、短い着物にセナカチをつけて、股引、シナ皮のハバキ、ワラジばきという服装で、上り道になると一四、五メートル進んでは一分ほど休むという具合にして歩いていったものだという。休む時はネンジリ棒（荷尻棒）の上にネコダの幅にあわせた板に縄をまいたネンジョタテをあてて荷を休めるのである。（『富山県史・民俗編』）

道が細くけわしく、牛や馬が使えないところでは、人の背によって荷物を運ぶ以外には方法がなかったから、越中や飛驒・信濃の山地では物資の運搬にボッカが大きな役割を果し、ボッカ稼ぎは山地に住む人たちの大事な生業になっていたものである。野麦峠や大長谷をこえる道以外でも、五箇山から飛騨白川に通ずる道や、加賀白山麓の白峯から越前勝山にいたるルートなどはボッカが多かったし、古くから信仰の山として多くの信者を集めていた立山の麓である芦峅寺のボッカも有名であった。

越中と信濃はけわしい北アルプスの山々によってへだてられているため、直接はいるルートはなくて、飛騨や糸魚川を経由して交流はおこなわれていたのだが、中世にはいって立山信仰がさかんになり、山伏や信者の立山登山者が多くなり、その登山口である芦峅寺は道案内や宿をすることで栄えてくる。立山に登山する人が多くなると、そのうちにこの山をこえて信濃におもむく人もでてくるようになって道がひらける。しかし、とてもけわしい道であるから、山に慣れない人が簡単に通れるものではなく、はじめは山伏などの修行者が主に利用したものであろうが、中世の終りになると商人もこの道を利用して越中と信濃を往来するようになっていた。この道は天正一二年（一五八四）小牧長久手の戦がおこなわれたとき、家康に味方した佐々成政が、浜松におもむくために大軍をひきいて通行したザラ越え、又はサラサラ越えとして有名であるが、それ以前からすでに商人の往来があったことは、永禄一〇年（一五六七）に、当時このあたりを領していた越中神保氏が、芦峅の住民にたいして越中の商人が信濃にゆくことを禁止した文書があることなどで知られる。けわしく危険の多い道であったけれども、信濃にいたる最短距離であったから、人々はこの道を利用し物資を運んだのである。明治二〇年頃までこの道は使われていたという。この山越えは人の背による以外は物を運ぶことはできない道であるから、もっぱらボッカが活躍したものであった。

ザラ峠を越えて越中から信濃にはいった荷物の多くは日本海でとれた魚であったという。塩魚であったろう。

尾州岡船

野麦峠をこえて飛騨から信濃にはこばれた物資の代表的なものは飛騨ブリであったが、そのほかに白木類も多くはいっている。白木というのは、丸太のままの材木を黒木というのにたいして、板や角材などのように製材したものをいう言葉である。飛騨は山国であるから、古くから木材の生産はさかんにおこなわれており、川を利用して流送していたが、筏流しは川水の状態によってきまるもので、水都合のよい季節でなければできなかったから、年間を通してはできないために、黒木の場合は殆ど水運を利用して搬出したにしても、白木として製品にし、陸送で美濃、越中、信濃などにつけ出され、その見返りとして米や塩などの物資を移入していた。

白木は多く牛の背によって運ばれた。野田泉光院の日記でも野麦のあたりでは家ごとに牛を飼い、牛方稼ぎをしていると書いているように、益田川にそった村々でも牛方は多く野麦峠をこえるまでは飛騨の牛方が運んだが、それから先は奈川谷の牛方の領分であった。奈川谷の牛方は、とても勢力を持っており、尾州岡船とよばれて、松本あたりの牛仲間からは奈川牛に出あったら除けて通れといわれるほどであったという。奈川谷は尾張領に属し運上の代りに五〇疋ずつが交替で藩の御用を勤めていたので、尾州家御用と書いた提灯を持ったり、尾州家御用と書いた腹巻を牛につけて他所の牛仲間を見下して歩いたものだという。

文政一二年（一八二九）にこの岡船仲間が中山道の宿々と口銭のことで争いをおこしていて、その済口証文が残っているが、それによると、

「……奈川谷には四百疋あまりの牛がいて、そのうち五十疋ずつ替るがわる御用をつとめている。その上、田地とてもなく、外に渡世になるような仕事もない場所であるから、昔から農業のかわりに牛稼ぎを許されている。尾張領になってからでも凡そ二百年余りも牛稼ぎを続けている。そ

うしたことからこの村の牛を尾州岡船といい、東は上州倉賀野河岸迄、西は尾州名古屋まで、甲州路は江戸四谷まで、北は越後高田今町辺迄、諸白木ならびに諸荷物を付送り、戻りにも商人街をつけて……」

駄賃稼ぎで生活をたてていると書かれており、広い範囲に活躍していたことがわかる。その中でも倉賀野行きの白木荷が主であったと思われる。そして帰り荷として運んでくるものは、米・酒・塩などであった。

奈川で岡船として使われた牛は佐渡牛の牡で牛商人が佐渡から買入れてひいてきたものであるという。岡船も仲間を組んでいて、その統率にあたる牛行司がいて、輸送に責任を持っていた。たとえば輸送の途中で牛が病気になったり、死亡した場合などは牛行司がさい配をふるってすぐに代りの牛をまわすようにし、他所の牛仲間に運ばせるようなことはしなかったものである。

佐渡牛は体は小さいが、放牧して育てたものであるから、前脚のふんばりのたくましい風雨に強いのが特色であったという。一人の牛方が五頭ずつ追うのが普通で、これを一綱あるいは一艘といった。牛方は五頭ならんで歩ませる列の二頭目の尻についていったもので、最後の牛の尻がいに鈴をつけており、この鈴音で夜でも牛のつながりを確かめながら道中した。何十頭もの牛仲間が行列をつくってゆくので、その列を乱さずに牛の沓をとりかえたりなどしてゆくことはなかなか面倒な仕事であったが、慣れた牛方になると道にサイコロを投げてバクチをしながら歩くなどという芸当もできたものだという。

野麦峠をはさんで、益田川の谷も奈川の谷も人里のまばらにしかないさびしい、そして貧しいところであったが、早くから飛騨と信濃をつなぐ道としてひらかれていた。その道は東海道や中山道のように官道としてはなやかな脚光をあびることはなかったけれども、山国に住む多くの人たちにとって欠くことのできない物資を供給する生活に密着した大事な道として、重要な役割をもった道であった。

そして野麦や奈川は平地の少い、耕作によって生活をたてるには全く条件の悪いところであったが、道があり、その道を人が通り、物資が運ばれることによって、ささやかながら人を泊め、牛方やボッカなどの仕事がきれることなくあったことによって人が住みつき集落を形成していたのであった。

女工哀史

野麦街道を通って運ばれた飛騨ブリや白木、あるいは米などの物資は明治にはいって、ほかの道路が改修され、馬や荷車によってより能率的に運ばれるようになるとしだいに少くなっていくのだが、そのころから野麦峠をこえて、信州岡谷の製糸工場に働きにゆく糸ひき女工たちの姿が多くみられるようになっていった。

明治維新によって長い鎖国の窓をひらき、西洋近代の文物をとりいれて、文明開化の道をつき進んでゆくことになった明治日本の柱になった輸出物資のひとつが、生糸であったが、その生糸を生産する製糸工場が最も早く、そして集中的につくられたのが、現在の岡谷市を中心とする諏訪盆地一帯であった。群馬県富岡にフランス式の機械を移入して、国立富岡製糸場が設立されたのが明治五年であるが、それから三年後の明治八年には平野村（現岡谷市）に富岡やそれに先だって導入されていたイタリー式の製糸機械に学んで、独特の諏訪式ともいわれる製糸工場が設立され、それが成功をみたことから、続々と新しい工場が設立され、急激に生産が伸びていった。そのことは、これらの工場に働く女工の需要が急激に増加したことを物語るものであった。諏訪盆地の製糸工場で働いた女工の数がどれくらいいたかということは正確に知ることはできないが、『職工事情』によると、明治三二年、上諏訪、下諏訪、須坂、松代地方にある製糸工場二〇五工場で、一万二五一九人の女工がいたことになっているし、明治二年には六二釜の工場であった片倉組が明治三二年には一一〇六釜、大正五年には一万三三五釜、昭和三年には一万八千釜以上という急速な成長をみせている。一般に一釜について平均一・三人の女工を必要としたといわれているから、昭和初年には片倉組だけで二万三千人以上の女工が必要だったことになる。岡谷地方には片倉組に匹敵する工場がほかにいくつもあったから、明治末年から大正・昭和にかけての総女工数はぼう大なものがあった。これらの女工は広い範囲から募集されて集ってきたのだが、さしたる産業もなく、現金収入も得る方法の少かった飛騨地方も大きな供給源のひとつとして数多くの娘たちを送り出していた。その女工さんたちの多くは春まだ浅い二月の半ばすぎ高山の町に集り、五〇人、百人と群れになって会社から派遣された募集員である検番の男衆につれられて、雪の深い野麦峠をこえて諏訪に向ったものであった。

春、峠をこえて諏訪に向った娘の群は、六月まで春びきをして、田植のために一〇日ほど帰り、すぐまた夏びきにでて、次には一二月末に一年の仕事を終えて峠をこえて帰っていった。そのころには峠の細い道は深い雪に埋もれていた。若い娘たちはお互に身体を紐でつなぎあわせて、落ちないようにはげましあいながらこえていったものだというが、疲れはてて、つい足をすべらして、深い谷底に落ち、命を失った娘も何人もいたという。峠を少し飛騨側に下った、一六四八メートルの水準点がお

野麦峠の地蔵堂

かれているあたりに小さな地蔵堂が建てられている。このあたりが一番の難所で女工やボッカが何人も命を落したところであるという。

3　中国山地

出合という地名

『中国山地』（中国新聞社編）によると、山口県下だけで「出合」という地名のついたところが六〇〇をこえるほどあるという。山口県だけでなく中国山地の村を歩くと「出合」とよばれるところは多い。谷を流れ下ってきた川が合流するところにかけられた橋は出合橋であるし、奥地からの道路がいっしょになるところは出合原などとよばれている。信州あたりだとこういう場所には追分という地名がついている。「追分」は一本の道が二つにわかれるところで、里から奥地にはいってゆく側からつけられたという感じが強いのに対して、「出合」は奥地から里にでてくる側からの呼び方である。「追分」と「出合」、同じような場所につけられた地名であるけれども、一方はしだいに奥地にはいってゆくというさびしい感じがつきまとうのに対して、出合の方は広い外の世界と触れるという、何とはない安心感と、積極性が感じられる地名である。中部山岳地帯と、中国山地の山の深さと開かれ方のちがいがこうした地名のつけ方一つにもみられるような気がする。

中国山地は花崗岩を主とする老年期の地質で、風化がひどいためにけわしさがなく、いわゆる隆起準平原状の地形となっていて、その脊梁をなす最高部でも一〇〇〇～一五〇〇メートルの中山性のなだらかな山地で、脊梁山脈の両側には丹波、吉備、石見、秋吉台などの高原がある。そしてこれらの台地と脊梁山脈との中間には福知山、篠山、津山、勝山、三次などの盆地がひらけている。これらの盆地は脊梁山地や高原台地によって境され、へだてられているけれども、その間には何本もの構造線や断層帯が網の目のように走っていて、狭長な構造谷や先行谷を形成している。

複雑な地形であるけれども、中国山地は人を拒絶し、よせつけないほどにけわしいものではなかった。その上気候もそれほどきびしいものではなかったから、この山中には早くから人が住み、すみずみまでひらかれていた。そして、この山地に住む人びとはお互に孤立して暮しをたてていたのではなかった。家と家、村と村をつなぐ道は縦横についている。古くからの道は谷をさけ、尾根をたどってついていることが多い。尾根筋の方がなだらかで危険も少かったからであるが、その道をたどって人は交流していた。「出合」という場所は山から里にでていく道の出合うところでもあるが、山に住む人が出合う場でもあったのである。

砂鉄精錬

なだらかな中国山地は人の住む条件として必ずしも悪いものではなかったが、それに加えて、この山地が早くひらけ、すみずみにまで人の匂をしみこませていったのは、豊富な鉱産物をもっていたからである。長門の国からは早くに銅が生産されている。そのほかにも石見笹が谷、備中吉岡などいくつかの小さな銅山があった。また石見大森の銀山も早くから知られており、その産出量の大きいことで有名であった。

しかし、中国山中の開発に大きな役割をはたしたのは何といっても鉄であった。花崗岩や閃緑岩・安山岩などの風化によってできた中国山地の土砂は多くの砂鉄を含んでいるから、その山を掘って砂鉄をとり、タタラという粘土でつくった製鉄炉に木炭と砂鉄を交互にいれて、火をつけ、フイゴで風を送って一二〇〇度以上の高温にし、砂鉄を溶かして銑《ズク》や鉧《ケラ》につくり、銑の場合は、さらにこれを鍛冶屋で鍛錬して錬鉄や鋼にして市場に送り出したのである。

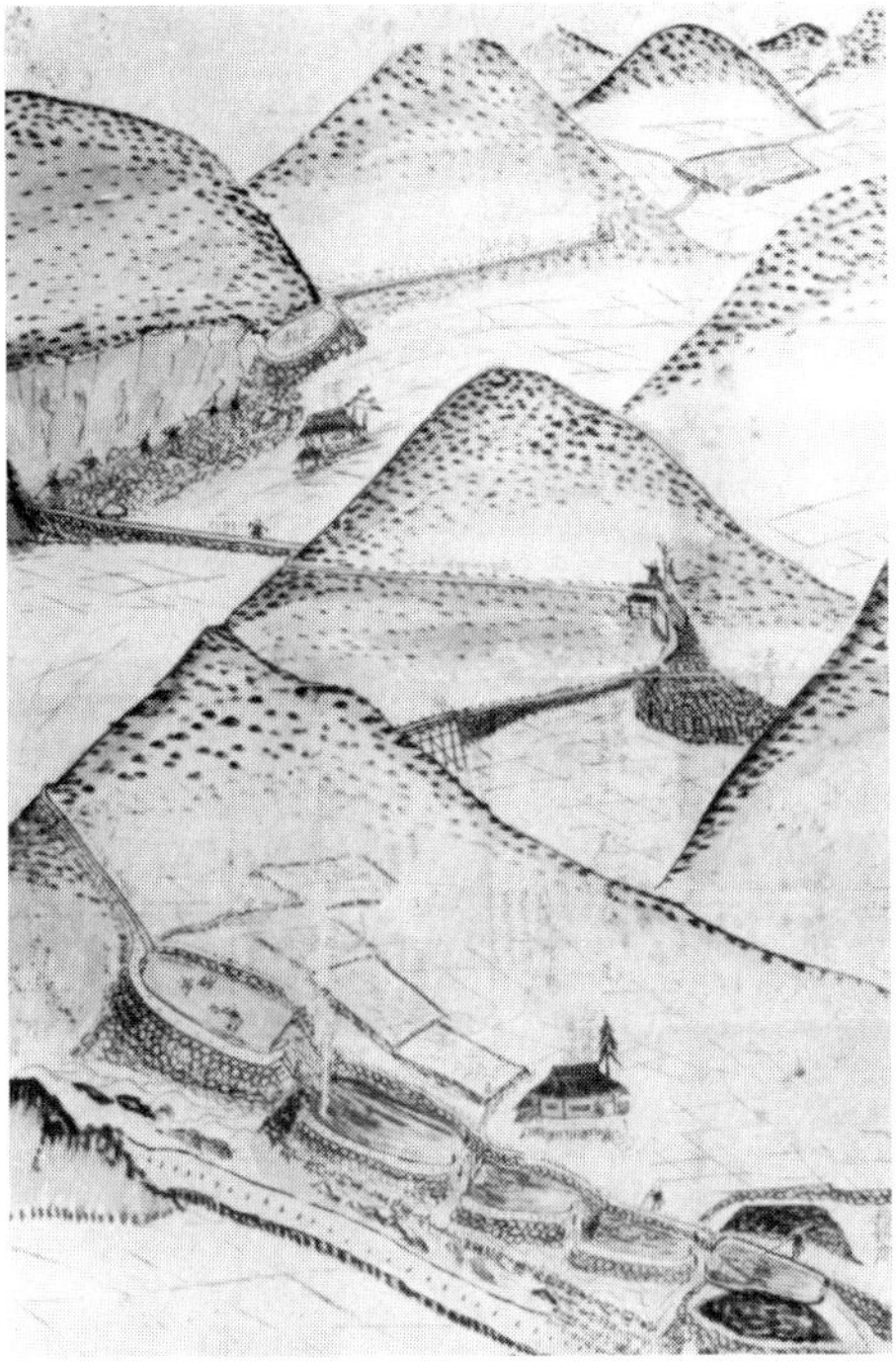
鉄穴流しの図（鉄山記より）

砂鉄は近世にはいるとカンナ流しという方法で採取されるようになった。これはよい砂鉄を包んでいる山の斜面の山頂近いところまで水路をひいて水を流し、水流にそうた斜面の土を掘りくずして水と一緒に流し、途中階段状に設けられたいくつもの池を通過させるあいだに重い砂鉄だけが沈殿し泥や砂が分離して、純度のたかい砂鉄を採集する方法である。この方法は慶長頃からとられるようになったというが、それ以前は竪穴掘や坑内掘の方法で採取されていた。良質の砂鉄を含む山はきまってお

タタラ製錬の図
（隅屋鉄山絵巻・上より）

り、どこでも良いというものではなかったし、また一ヵ所でいつまでもとれるものでもないから、一つの鉄穴場《かんなば》を掘りつくすと、鉄穴師はまた新しい鉄穴場をもとめて山中を移動していったものである。また、タタラで砂鉄を溶かすには多量の木炭を必要とした。ちなみに一つのタタラで三、四千貫の砂鉄を使って銑あるいは鉧を千貫ほど得たものであるが、これには砂鉄とほぼ同量の木炭が必要であったとされている。だからタタラを経営するには砂鉄と同時に木炭が容易に得られるところでなければならなかった。

「砂鉄《こがね》七里に木炭《すみ》三里」という諺があるが、これはタタラを設ける場合の立地条件として最大限砂鉄ならば七里、木炭なら三里以内から運べるところでないと採算がとれないということをいいあらわした言葉である。

タタラ場は周囲の木をきりつくして、木炭の供給が困難になると移動しなければならなかったのである。

鉄をつくるには砂鉄を掘る人、炭を焼く人、タタラで働く人、鍛冶屋、原料や製品を運搬する人などたくさんの労働力が必要であったが、これらの人たちは数年、数十年を区切りにして山中を移動していた。そのことは、中国山地のいたるところにおびただしいほどの鉄穴場やタタラ場のあとが残っていることによっても知ることができる。

鍛冶場の図（隅屋鉄山絵巻・下より）

また、いまはさびれてしまった谷あいなどに、昔は一〇〇〇軒もの家があってとても栄えていたのだという、いわゆる千軒伝説を持ったところがいくつもあるが、これなどもたんに根拠のない伝説ではなく、かつて鉄穴場やタタラ場があり、そこに働く多くの人達が住んで栄えた歴史をもっているところであろう。

現在、中国山地のすみずみにまで網の目のようにはりめぐらされている道は、そのはじめは鉄や炭をもとめて転々と移動し、この山中を生活の場としていた人たちによってつけられたものであることが多い。

もちろん、この山中を生活の場としていた人は鉄精錬に従事していたものばかりではなく、農民もいた、中部日本や東北日本の山地にくらべると、暖く、水田稲作のできるような条件があったから、早くから水田にひらけるところはひらかれ、稲作をおこなって定住もしていた。水田は盆地や比較的平地の広い本流ぞいばかりでなく、山中の枝谷にそったところや、台地上の水の得られるようなところは必ずといっていいほど水田にひらかれ、何軒かの家が点々とある。そして、そういうところの尾根筋には古くからの道が通っており、その開拓が古いものであることがわかる。

しかし、こうしたところでは水田だけで暮しをたてるだけの面積のないところが多かったから、それ以外の生産や労働をおこなっていたところが多い。それはタタラ場や鍛冶屋で使う炭を焼く仕事であったり、砂鉄や炭・鉄などを運搬する鉄山に関係した仕事も多かったし、また、楮や三椏をつくって紙をすいたところも多い。灰を焼いて里にはこび、塩などと交換してきたところもある。そして牛も早くからたくさん飼っていた。特に但馬、千屋、比和、神石などはすぐれた牛の産地として知られているし、山陰側でも多く飼っている。これらの牛は農耕にも使われていたけれども、より多く物資の運搬に使用された。特に砂鉄や鉄のように重いものは人の背で運ぶよりは牛馬の背で運ぶほうが能率的であったから早くから利用されたものである。近世にはいって馬の改良がおこなわれて、馬が大きく力も強くなると、馬を使うことも多くなるがそれ以前は殆ど牛であったといってよい。

中国山地と同じように鉄を生産していた北上山地も南部牛の産地として知られているが、ここもやはり、鉄の輸送に牛をさかんに使ったところである。中国山地では鉄山に物資を運ぶ仕事が、この山中に住む人達の大事な生業のひとつになっていた。

出雲の山中でもタタラが多く、どこでも鉄穴流しがさかんにおこなわれていたから、流しとった砂鉄をタタラまで運ぶのが奥部の村々では重要な仕事になっていた。砂鉄を運ぶにはダチという縄であんだ、叺状の袋を使った。ダチは馬なら二袋、人間が背負う場合はひとつがやっとであったという。

(『島根の民俗』)

広島県加計の隅屋鉄山の場合をみると、原料である小鉄(砂鉄)は石見の井野村、鍋石、後になると大坪、鼠原、雲月などの鉄穴場から脊梁山地をこえて戸河内のタタラ場まで、その道筋の農民によって継送りに運ばれてきた。砂鉄は砂鉄専用の木桶にいれて馬につけ、馬方も背負ってきたものである。砂鉄運搬の駄賃稼を多く行っていたのは安芸側では東八幡原、西八幡原、草安、南門原、苅屋形、奥原などの村に多かった。そしてできあがった鉄は一駄(二五貫)ずつ馬につけて加計村の鉄蔵に運び、加計から太田川を船で広島まで下し、海路大阪に運ばれた。戸河内から加計までは戸河内の馬方が主として運んだ。そのほかタタラ場で使用する米・塩・粘土・縄・狸皮・苧・ござ莚などが運びこまれるので、戸河内には文政二年(一八一九)に駄賃馬が二六七頭いた。いかに鉄山ひとつで多くの物資を輸送したかこれだけでもわかる。鉄山に関係した駄賃稼ぎに使用する馬は、馬方が自前で持っているものは少く、鉄山師の所有する馬を借りて運搬するか、持馬であっても、その買入資金を鉄山師から借りて購入し、稼ぎの一部を返済にあててゆくといった形をとるものが多かった。文政二年に

駄送の図(隅屋鉄山絵巻・下より)

は戸河内タタラの経営者隅屋八右衛門は四八三頭の馬を持っていた。(『加計町史』)

鉄山師が運送手段である馬を所有し、それを貸付けるという方法をとっていたのは、なにも加計だけのことではなく、中国山地一般にみられたことで、牛が多く使われていた頃には牛を多く所有していた。そして馬が改良されて大型になると馬にかわるのだが、山陰側では馬を多く使うようになっても、鉄山師たちは牛をやめず、その牛を出入の百姓や名子にあずけて飼育させていた。

明治になると洋鉄がはいって、タタラ精錬がおとろえてくると、こうした鉄山師たちは牛親方にかわってくるという。

鞍下牛

出雲地方では鞍下牛とよばれる貸牛慣行がかなりみられるが、それはこうしたところに理由のひとつがあるのだろうという説もある。

鞍下牛というのは、牛をたくさん飼っているところから、飼育していない地帯に主として水田耕起時期に貸付ける制度で、一般には山間部から平野部に自家で使用する前後に貸付けるものが多いが、鞍下牛を多く出している飯石郡の山間部では、自家で使用するのではなく鞍下牛として貸付ける目的で所有しているものも多いという。

原伝氏が昭和初年に調査したところによると、飯石郡の一宮、鍋山などの鞍下牛はこれに属するものが多く、三月下旬に仁多郡地方あるいは広島県比婆郡地方に一番鞍として貸出し、六月上旬に返されると、すぐに簸川郡神戸川流域地方に二番鞍として貸出され、七月上旬に帰る。そうするとその牛を仁多郡、飯石郡西南部に夏期の飼育を委託する。これを夏鞍というが、受託者は夏期刈草の運搬、厩肥の生産などに使用し、九月二〇日頃返却する。それを更に神戸川流域地方に冬飼いといって、翌春、一番鞍の時期まで預けるのである。(『出雲地方の鞍下牛』)

このような形で年中貸付けている例はこの地方以外にはあまりないが、一定地方の間で牛の使用時期に貸借がおこなわれる例は出雲地方ばかりでなく、香川、徳島、石川、富山などにもみられるところである。

4 カリコ牛の道

カリコ牛

徳島県の美馬郡と三好郡の吉野川南岸の山間では昔から牛をたくさん飼っていて、農繁期になると、阿讃山脈をこえた香川県の平野部に牛を貸しつける、出雲地方の鞍下牛と同じ慣行がある。この貸付牛のことをカリコ牛・サトウシメ牛・コメトリ牛などとよんでいる。このカリコ牛の数は昭和六年の調査によると、美馬郡一七〇〇頭、三好郡二三〇〇頭、合計で四〇〇〇頭に達しており、この地域全飼育頭数の三五％から六八％にも及ぶという。なおカリコ牛を出すところは美馬三好両郡のほか、これに隣接する香川県香川郡及び綾歌郡の山間部と瀬戸内に浮ぶ香川県男木島・女木島からもでている。そして借入れるのは香川県の平野部全てにわたっている。香川県の平野部は水田は多いけれども、家畜の飼料とする草刈場が少く、また夏になると蚊や蝿が多くて、牛を飼っている家でも、夏になると山間部にその飼育を委託するほどであったから、昔から牛の飼育は少かった。そうしたことから牛の飼育のさかんな山間部から、農繁期だけ借りて耕作するという慣行が生れたのである。借りるのは田植前の耕起時期と秋の砂糖しめの時期の二回で、秋には夏の約七割位が貸借されていたという。

カリコ牛の場合で特徴的なのは貸出期間と受渡場所が決まっていることである。貸出期間は夏の場合は旧暦五月の節（芒種）から半夏生までで、約一カ月であり、秋は夏ほどきちんとしていなくて、一一月初めから二〇日頃までに貸出され、一二月下旬まで四〇日から六〇日くらいの期間貸しつけられている。だから夏の芒種と半夏生の翌日には決められた引渡場所に貸付者、借受者双方が集って牛市のような賑いであったという。引渡場所は徳島県三好郡池田町佐野、これは曼陀峠をこえて三豊郡にはいる。香川県三豊郡財田町猪ノ鼻、香川県仲多度郡仲南町塩入、仲多度郡琴南町犬馬場（仁相峠）、香川郡塩江町岩部（相栗峠）、木田郡三木町奥山（清水越）の六カ所で、いずれも阿讃山脈をこえて連絡する峠でその麓に位置するところでおこなわれている。これらの場所に約束の日に牛を牽いていって、受渡すのである。古くは飼主が直接ひいていって借主に渡していたものであったが、後には博労が仲介するようになり、農協などが世話をするようにもなったという。

田主の館の前につながれた神石牛

賃貸料の支払はもとは米で支払われるのが建前になっていたが、昭和の初めごろからは金で支払われるものも多くなり、昭和五年頃の原伝氏の調査によると、清水越と相栗峠をこえて行くものは米が主となっており、それ以外のものは金で支払われるのが多くなっていた。そして金の場合は返却のときに払い、米は収穫後に払うというのが普通になっていた。だから秋に砂糖しぼりにでた牛の場合は暮に帰ってくる時に砂糖をいれた小さい甕と餅米の袋を背につけて帰ってきていたのである。

支払額は時の米相場や牛の能力などによってもかわるので一律ではないが、昭和五年頃で、夏牛、米で最高一石二斗、最低四斗、普通の牛で七、八斗というのが平均であった。金の場合は三〇円～一二円、平均二三、四円になる。秋牛は、米最高一石、最低四斗、普通五、六斗、金二五円～一二円、平均一四、五円というようなものであった。夏秋あわせると平均で一石四斗から一石六斗くらいの米をカリコ牛は稼いでいたことになるが、これは水田の少い山間部や島では大事な収入になっていたのである。阿波では人を酷使することを「コメトリ牛のように使う」という諺があるように、かなりきつく使ったもののようで、帰る時には牛はやせ細っていたという。

香川県では牛の飼育は多くなかったけれども昭和八年の調査によると、水田の耕作に家畜を使用する割合は九八％という高率になっているのは、この峠をこえてくるカリコ牛が大きく預っていたということができる。そしてこの慣行はそれほど新しくはじまったものでもないようである。しかし、このカリコ牛の慣行も戦後、耕耘機の普及につれてすたれてしまったし、カリコ牛が鈴を鳴らしながらこえた峠の道の何本かには阿讃山脈をこえる新しい自動車道路がつけられ、何本かはすっかりすたれてしまって通る人も稀になっている。

六　山の町

1　山の市場

尾根の上の道

山中をあるいていると、思いもうけぬようなところで思いもそめぬような町に出くわすことがある。それが古い寺や宮の門前町であったり、また市場であったりすることがある。とくにそういう町の多いのは中国山地である。中国地方の山地は、高い山は北の方に片寄っており、中央部はゆるやかな丘陵をなしたところが多い。いわゆる高原といわれるものである。この高原へのぼってゆくには、坂道や渓谷を通らねばならぬことが多い。海岸の平地から狭い谷間を通ってゆくと、大ていは眼の前の広くひらけた高原の上へ出る。高原といったところで水田がひらけ家が多くて平地地方と大してかわるところがないが、空が浅黄色にすんでいて、山の稜線がいかにもくっきりしている。

車が発達して、車道の多くが谷間に通ずるようになって車での旅であれば風景をたのしむところは少なくなったが、人が歩いて旅をした頃は山の尾根を通る道が少なくなかった。広島県の福山市から北へ、加茂町を通って油木町にいたる道のごときも山の尾根を通っている一つで、ここはバスも通って、車窓から風景をたのしむことができる。

福山を出て中野というところまでは平野の道をゆくが、そこから北は谷にそうてゆるやかな坂をのぼってゆく。谷底を昔の道が通っているのがよく見える。

途中姫谷というところを通る。ここには姫谷焼という赤絵の磁器の竈があった。その陶工の墓が竈址の近くに残っている。陶工の名は市右衛門といった。下加茂村浄土真宗正福寺の過去帳に

「心譽□月　寛文十年（一六七〇）六月　俗名市右衛門云　姫谷焼物師法名也」

姫谷

とあって、死亡の年を明らかにすることができる。そしてここに竈のあったのは市右衛門一代だけだったらしい。時代的に見ると赤絵の磁器はそれまでに初代柿右衛門、仁清などがある。市右衛門はこれらの人につぐ陶工であったと思われるが、どういう系統の人か、またどうしてここに来て住んだかも明らかではない。作品もそれほど多く残ってはいないが、残っているものは珍重されている。

その姫谷から北は尾根の上の道になる。見晴しはよい。山というよりも丘が波のように起伏し、折り重っているのである。そしてそれがはてしない。見えるのは木の茂った峯の部分で、人家や田のある谷間はほとんど見えない。今はバスでこの道をゆくが昔は馬に荷をつけて福山へ出る馬子たちがこの道を歩いた。こういう道をあるいていると気

も晴れたであろうし、歌もまた出たであろうと思われる。

峠の町・小吹

尾根の道を井関の谷へ下って、そこからまた浅い谷間を北へのぼっていくと小吹《こびき》という峠の村へ出る。峠といってもほんの少し高くなっているのだが、旧い宿場の俤があって心にのこる。小吹は昔は馬方たちの中憩地であった。この尾根の道は東城と福山を結ぶ重要な道であった。東城は江戸時代には備後きっての鉄の町であった。東城から北に広がる小奴可《おぬか》地方は、良質の砂鉄を産出し、その砂鉄を精錬するタタラがたくさんあった。砂鉄を掘りつづけた為に地形もすっかり変ってしまった所が少なくない。そしてこの地方にはその頃の旧家もたくさん残っていて、すぎ去った日の繁栄をしのぶことができるのであるが、その中心をなしたのが東城の町で、東城は高梁川の支流成羽川の上流にあり、成羽川川船の終点でもあり、ここから川船で鉄を川口の倉敷にまで運んでいる。一方鉄の搬出は陸路もとられ、その重要な道が福山へ出るものであった。

小吹はその中憩地であり、中継地でもあって、ここには中継の大きな問屋もあり、東城からここま

小吹

で荷を運んで問屋に渡すと、問屋はそこから尾道へ荷を送ったものである。しかし、東城から成羽川沿いにりっぱな車道が通じたり、東城に鉄道が開通するようになって、この道を通るものは目立って減って来て、小吹はさびれてしまった。

丘の町・油木

その小吹から坂を下って浅い谷を北へ北へとゆくと、六キロほどでまた丘の上の町につく。そこが油木である。お椀を伏せたような権現山の裾をまわると、ゆるやかな丘の上に家がならんでいるのが見える。油木の町である。道にそうて南北に長い。油木は小吹の栄えていたころにはひっそりした村であった。町には馬宿や宿屋があり、通りあわせた人たちがここで一服し、また食事などもとった。それが次第に町らしくなって来たのは荷車が通るようになってからだという。馬の背に荷をつけた時代は荷の後押しをする者もなかったが、車道がついて成羽川の谷から油木への道はゆるやかな長い坂になっている。どうしても車の後押しが必要で、谷間の手入《てにゅう》から油木までの八キロを車の後押しをして生活をたてた者も少なくなかった。そして坂の上で皆息を入れた。やがて荷車が荷馬車になり、トラックにかわって来る。油木はこのようにして明治の中頃から発展して来る。油木には油木八幡宮という古い神社がある。その参道の杉並木は実に見事なものであった。大きさから見て室町時代の終り頃に植えられたものではないかと思われるが、先年の台風で、その杉の半ばが吹き倒され、並木は明るくなって来た。それでも広島県下では一、二を争う見ごとな杉並木ではないかと思われる。

油木から北の旧道は尾根の上を通る。見はらしのよい道で、途中古市というところを通る。江戸時代までは市のひらかれた所であった。そこから少し北へいった所で谷に下って帝釈川をわたり、また坂を上ると新免へ出る。高原の上の村である。ここの人たちはみな馬を飼い、東城から小吹までの間の駄賃づけをした。そこからずっと長い長い尾根づたい道で、昔は秋になると萩の花が咲きみだれ、またススキの穂のなびく原がつづいていた。その尾根を下ったところに東城がある。

国境の道

油木から東へ山腹のうねうねした道をゆき、上豊松の谷へ下り、そこから浅い谷をのぼってゆくと、花済へ出る。昔の竹迫《たかば》荘の中心だったところで、そこから一キロほど東へいったところが備中と備後の国境になる。境界線は尾根の上にあって、そこにも道があり、道の真中が境界なのである。この尾根の道は岡山県備中野の下郷にまで続いている。下郷の西南の有木で尾根の上にあがり、およそ一五キロほど尾根の上を通って、岡山県芳井町日南で谷に下っている。秋などの散歩にこんないい道も少ないであろう。昔はこの道を通って井原へ鉄や紙や漆などが馬の背で運ばれた。

油木

有木は山の上の盆地のようになった村で、桃源境というのはこういう所であろうかと思われる。備後一宮の社家有木氏の領地で、その屋敷址がのこっている。中世以来ここに邸をかまえ、南北朝の頃には邸の近くの中山に砦を築き、桜山慈俊に従って後醍醐天皇に忠勤をはげんでいる。そしてその後も長く栄えて来、この地の豪族として幕末にいたった。ところが明治になってその家から出されていた銀札が差し止めになって没落してしまった。

有木から南へあるいて、花済から東への道のクロスするところに杖立がある。ここも峠の村で国境（県境）になっている。南北に通る道の西側は広島県、東側は岡山県。

高山市と八日市

その杖立から東南へ三キロ。やはり尾根の上に高山市《こうやまいち》がある。ここにも古くから牛市がひらかれていた。日頃は家も何もなかったというが、牛宿ができ、宿屋ができて次第に定住する者がふえ、町の形をととのえて来た。

岡山県にも尾根の上をゆく古い道は多く、峠の上にいくつかの町を作っている。小田郡美星町の八日市などもその一つである。高山市から東へ八キロほど行った谷間に川上町地頭

有木

ということろがある。そこから南へ山の尾根をのぼっていくと、見晴しのよい道がつづく。そして地頭から六キロほど歩いたところに八日市がある。古くから市のひらかれたところで、村の北のはずれのところに室町時代の初頃の宝篋印塔があるから、その頃からここがひらけ始めたものかと思われる。この地にはもと九鳥という豪族がいてその城があった。貞治元年（一三六二）日蓮宗京都妙顕寺三世の大覚大僧正がこの地方を布教巡錫のおり、この地に来、九鳥氏はそのおしえに帰依して城を僧正に寄進し、自分は城の下に住んだ。城地に建てられたのが長泉寺で、この寺のできた頃から八日市が市場町として出現するようになったのではないかと思われる。

どちらへゆくにも坂を下らねばならないようなところに市を立てたというのは興の深いことであるが、この頃はまた山の尾根を道が通っているということで、尾根に近いところに田畑をひらいて住む者も多かったのであろう。山の上で水が乏しいから大きな町はできないが、古風な俤をそこにとどめていて、時の流をしみじみ感ずる。

八日市

丘の上の門前町・円城

岡山市から北へ三〇キロばかり行ったところにある加茂川町円城なども、丘の上の町である。谷の道を上って台地の上に出ると、そこに家が建ちならんでおり、古い寺がある。ここは寺の門前町として発達したところで、天台宗円城寺がある。そしていまもその塔頭の観音院・地蔵院・医王院がある。このあたりの農家は丘の上に散在して、それらの家は多く丘の上の道で結ばれている。その中心に円城がある。そして買物はすべてここへいってととのえる。

このような山の上がひらけはじめたのは古く、『和名抄』には加茂郷の名が見えている。その加茂郷の領域に長田荘という荘園が成立し、初めは亀山院領であったが、後に京都の最勝光院領となり、嘉元三年（一三〇五）には後二条天皇にゆずられている。それが後に地頭の勢力がのびて伊賀氏がこのあたりを支配するようになるが、多分地頭の勢力のつよくなった頃からであろうか名田《みようでん》の開拓がすすみ、今も名田を地名としてのこしているものがきわめて多い。まず台上の傾斜面に屋敷を作り、そのまわりに畑をひらき、さらに谷間に水田をひらく、これら名主《みようしゆ》の力を背景に武家勢力がのびていったのであろう。しかもそうした古い名田の名残りも見られ、神社の祭にも苗衆《みようしゆ》まつりといわれる古い宮座形式の祭もおこなわれている。

牛市の久井

広島県三原市からまっすぐに北へ、山河をこえて三次《みよし》・庄原にいたる道も半分は尾根の上を通っていた。三原から北へ、久井という所までは谷の道をゆく。それも深い谷ではない。久井は浅い谷間に

久井の稲荷神社

ある町だが、昔から牛市場があった。いつ頃から市がひらかれるようになったかわからぬが、ここの牛市には神石・甲奴・双三・世羅などの牛がみな集って来て市のたつ日には一万頭もの牛が集った。大きい牛は一人が二頭、子牛は三頭をひいてやって来る。大きな馬喰は何人もの仲間《ちゅうげん》をつかい、仲間にも牛をひかせて、一群が何十頭にのぼるものもあった。仲間は草鞋ばきに尻からげをしていた。その牛は瀬戸内海地方の農家の人たちが買っていったものだが、この市にはたくさんの店屋も出て、近隣の村の人びとはそのにぎわいを見物するために集って来て、道をあるくこともできないほどの人出であった。

　その久井から六キロほど東北へいったところに甲山の町がある。鎌倉時代に栄えた高野山領大田庄の中心をなす町で、今高野とよばれる観音堂に十一面観音、聖観音などが安置され、ここを訪れる人も少なくない。

　三原から三次へゆく道は甲山の町を通らず、ずっと西の京丸というところを通って尾根にあがり、吉舎の町までほとんど尾根をあるいたという。その所どころには牛宿などもあった。今はその道もさびれはてているが通れぬこともない。むしろ趣があって散歩道として再認識されてよい道である。中国山地にはこのように南北や東西につづく尾根がいくつもあって、しかもその尾根の上を昔の道が通っている。それらの道はまだ自動車の通らないものも少なくない。しかもその道の岐れるようなところには道標や石地蔵や牛供養碑など見かけることが多い。またそういう道のクロスするところには三戸、五戸の民家があり、それが時にはささやかな町を形成しておればたいてい市のひらかれたところであった。

阿蘇周辺の町

山中の町はそこが市場として発達したものがもっとも多く、それが山の上にあるばかりでなく谷間にあるものを数えると、それは数えきれないほどあるといっていい。そしてそれらの中には強く印象に残るものが少なくない。そうした町についてざっと見ていくことにすると、九州の山地では阿蘇外輪山の西南の矢部町浜町は美しく静かな町である。もとここには阿蘇氏が館をかまえていたことがある。阿蘇氏は阿蘇神社を祖神としてまつる家で、その初めは外輪山の中、阿蘇神社のほとりに住んでいたが、南北朝の頃二家に別れてたがいに争うことになり、その一家が浜町に住んだ。そして祭礼のときは浜町から行列をつくって外輪山をこえて阿蘇神社に参ったといい、その参道筋の杉並木は見事なものであったが、今は全く枯死してあとをとどめていない。この町のすぐ東に熊本県の代表的な石橋である通潤橋がかかっている。

この浜町から東へ裾野の道をゆくのはわびしい。人家は乏しく、裾野の畑はトウモロコシが多く作られて、夏ならばその葉ずれの音が心にしみる。その道が南北につらなる山脈の壁にぶっつかろうとする手前に馬見原がある。大正から昭和の初めまでは山の港として栄えたところである。熊本県と宮

馬見原の商家

崎県の境にあって、もとは物資の集散地、とくに大正時代は養蚕が盛で繭の取引がおこなわれ、当時の繁栄を偲ぶに足る町家も何軒か残っている。

ここから阿蘇南郷谷の高森に越える道がある。阿蘇の山すその道をのぼってゆくと九州山地の雄大な姿が東から南へかけて展開する。外輪山をこえて急な坂を下ると高森で、ここも古くから市のたったところであり、町の中に市神がまつられている。この地には阿蘇氏の一族高森氏の館があった。天正の頃高森氏は島津氏にほろぼされてしまったが、町はその後も生きつづけて来た。ここから根子岳の東をこえて阿蘇谷に下ると、そこは火口原もひろく、北に外輪山が屏風のように立ちならぶ。この盆地の中に一ノ宮町がある。阿蘇神社の門前町であるとともに、盆地の物資の集散地でもあって、昔の大庄屋や問屋の建物などに、この町のかがやかしい歴史を偲ぶことができる。この町から火口壁を北へこえてゆるやかになだれる外輪山の裾野を下ってゆくと小国がある。小国から大山川にそうて長い峡谷を下ってゆくと松原ダムがあり、さらに下ると日田盆地へ出る。日田の郡代役所のあったあたりはまだ多くの古風な町家のならぶ町並が見られる。日田は江戸時代にはもっとも栄えたところである。物資の集散地として問屋が軒をならべ、また金融業なども盛であった。その繁栄が明治・大正になって停滞するにいたった。そこに古い文化が凝固することになった。しかし衰微したのではない。底力は持っている。そういうものを感じさせる町である。

四国山中の町

四国にも山間にかつて栄えた古い美しい町がいくつかある。愛媛県内子町などもその一つである。大洲から東へ一〇キロほどいった谷間にある。その建物の様子からして、明治から大正にかけて発展したところであった。当時はもっともモダンであったと思われる建物がならんでいる。内子が栄えたのは養蚕業の盛におこなわれたことと並行している。内子はこのあたりの養蚕業の中心で繭商人や機業者たちの町であった。養蚕業が衰えても町はそのまま残った。そして今もこのあたりの商業の中心をなしている。

内子町

内子から山中を通って松山へ出る道がある。松山・大洲・宇和島をつなぐ道である。内子から東北へ一〇キロほどいったところにある中山などもかつて栄えた俤をとどめている町の一つであった。

徳島県の池田も印象にのこる町である。今は祖谷山への入口の町として知られているが、もとこのあたりはタバコの栽培の盛なところであり、早くからタバコ工場がおかれ、またこの地方の商取引の中心であり、それをしのばせるような商家も多く残っている。

近畿山中の町

近畿地方の山中で古風な俤をとどめているのは市場として栄えたというのは少なく、城下町であったり、宿場であったりしたものが多い。兵庫県の篠山や柏原、奈良県の大宇陀・高取などは多分に古風をのこして心にのこる町だが、みな城下町としてその地方の中心をなしたところである。そうした中にあって焼物の町信楽は心にのこる。ここで焼物が焼かれるようになってからでも一五〇〇年の歳月が流れており、今もなお焼きつづけており、竈場のならぶ町である。あるときは種物壺を、あるときは茶壺を、あるときは酒徳利を、そしてあるときは火鉢や植木鉢をやき続けて今日に至った。焼物の町は山間に多い。そして盛衰がある。しかし一五〇〇年も焼きつづけた町はめずらしい。

信楽

中部関東の山の町

中部山地の古風な町は街道すじの宿場町か城下町が多い。岐阜県の郡上八幡・高山、長野県の飯田・高遠・小諸などには古い城下町・陣屋町としてのおもかげがしのばれる。飯田の町は戦後大きな火事で焼けたが、そのあとへ近代的な街路樹の多い町をつくりあげた。

宿場の町としては木曽街道にそう町が妻籠・奈良井・藪原などをはじめ多くの古風をとどめ、飯田から豊橋・岡崎方面を結ぶ中馬街道に添う宿場では平谷のように昔の馬宿を残しているものもある。もう泊る馬はいなくなったが、もとは馬が道を埋めつくすほど通りすぎたものであったという。

関東も西部の関東山地寄りには山中の市場としての俤をとどめた町がいくつかあった。秩父市などその一つであった。どっしりした店屋がならび、その裏には土蔵が建ち並んでいた。裏町をあるいて見ると、その古い土蔵がまだいくつも残っている。小鹿野なども古い町である。群馬県の万場や下仁田なども江戸から明治へかけて栄えた俤をのこしていたが、表通が自動車の通る道になるとすっかりかわって来る。

東北の山の町

東北にも心にのこる山中の町がいくつかあった。草葺の民家がずらりとならんでいることで話題になった福島県下郷町大内宿も、今は次第にトタン葺にかわりつつある。会津東街道に沿う三代や福良も宿場の古い俤をとどめているところである。

宮城県柴田郡の村田町はもとは物資の集散地で、問屋が多く豪壮な商家が軒をならべていた。東北

村田町

線開通以後次第に発展を停止して来るが、ここにこんな町があったのかと目を見張らせるような土蔵造りの家などがある。

　岩手県北上山中にも古風な市場町は多かった。東磐井郡の大東町、下閉伊郡の岩泉町、岩手郡の葛巻町なども、近郷の農民たちの集って来るところで、町の店にも農家向けの商品が今もたくさんならんでいる。

　しかし山中の町がいつまでも古風を守っているとはきまっていない。火事などあると、町を一変させてしまうような場合もある。秋田県北秋田郡上小阿仁の沖田面などはそうした例の一つであろう。広い山林を持つこの村ではほとんどの人が林業労務にしたがっていた。道をはさんで草葺の大きな家がずらりとならんでいたが、火事で焼けると思いきり道をひろげ、モダンなデザインによる明るく大きな窓を持つ家を作った。そして年に何回かの市をひらくことにもした。このような切替のついたのも村落共同体としての組織がまだしっかりしており、また木をふんだんに利用することができたからである。

　エネルギーをはらむ古風は同時に新風へ容易にきりかえることのできるものであるということを、この町を見てしみじみ考えさせられた。

2 山の門前町

英彦山

山の町には信仰によって発達したものがいくつかある。多くは門前町で、神社や寺のまえに僧坊や御師たちの住家が軒をならべており、それがまた独自の景観を作り出している。

福岡県の英彦山の門前町は戸数一四〇。山麓に青銅の大きな鳥居があって、そこから坂道を杉並木がつづき、その間に家がある。参拝客を相手にした店で、その門前町のつきるところに石の大鳥居があり、そこから上は両側に宿坊がならんでいる。その石段の坂道をのぼっていくと、大講堂がある。間口、奥行各一八間、桧皮葺の実に堂々とした大きな建物で江戸初期に建てられ重要文化財に指定されている。

この地は山伏道場として多くの山伏の集うたところである。山中のこととて、地方に檀那場を持つ者は檀那場を回って生活をた

英彦山御師の家

て、檀那場を持たない下級の山伏は杣や樵などの山仕事をしたり、塗師《ぬし》をしたり、人足をしたりして生活をたてていた。そして山に登拝する人びとの先達なども勤めたのであった。

大山

英彦山のような山は方々にあった。鳥取県大山なども相似た山伏の道場であった。この山へは山陰線の大山口からまっすぐに登山道がついているが、最近は米子からハイウエーが通じている。道の両側には三五〇年前に植えられた松の並木が今も大半残っている。坂道は上にのぼるに従って急になる。大山の町はその坂が特に急になったところから始まる。今は土産物店などが多くなっているが、もとは参拝客をとめる僧坊が多く、今も数軒もとの形のまま残っている。その僧坊のきれたところから大神山神社までの二キロほどは人家がなく、杉の林の中をのぼっていく。とにかくここにはまだゆたかな自然が残っている。大山が山をめぐる周囲の村の人たちに強く印象づけられたのは、大山の神が牛馬を守護してくれると信じていたからで、この地でひらかれる牛市には一万頭をこえる牛が博労たちにひかれて来て取引きされた。そして博労の中には京・大阪あたりからやって来る者もあった。今その

大神山神社（大山）

牛市は止んでいる。

山中の門前町は摂津の能勢妙見、大和生駒山、信貴山などにも見られるが、これは民衆の信仰地として雑踏している。熊野の本宮町なども熊野坐神社の門前町として発達したもので、熊野参りの人たちは幾山河をこえてここに集って来たのであった。

霊山登拝の宿

山詣でのためにその山すそに宿泊を目的に発達した町も少なくない。大和大峯登山のための吉野山・洞川、御嶽登山のための玉滝、秋葉山の麓の犬居、富士山をめぐる大宮・御殿場・須走・吉田などはそれで、須走をのぞいてはいずれも市制を布くまで発展した。

立山西麓の芦峅寺も立山山伏の宿坊の村で今も昔の俤をとどめているが、立山へは自動車でのぼれるほどの変りようである。

相模大山の門前町には門前町らしい風景が見られるが、新しい土産物店が観光地風景を作り出しはじめている。

出羽三山にも手向・大網・本道寺などの登山口の宿坊の村があった。そのうち古い俤のままさびれていっているのは本道寺である。

山を愛しつつも山を恐れ山を尊んで生きた人は多い。そしてその山にのぼりそこで身のかぎりの苦労をし、それに打ち克つことに喜びをおぼえた人たち、その苦労に打ち克つことによって一般の人よりはすぐれた力を持っていると信じた人たち、それが早くから日本の山岳地帯を漂泊しつづけ、高い山やけわしい山の麓に住みついてその山をまつり、その山に登拝した。そういう山がいたるところにあった。ここにあげたような例はその代表的なもので、山岳崇拝する人たちの小さな集落ならば、まだまだたくさんある。

この人たちのあるいた道はほとんど踏み立て道であった。その道がいつの間にか踏みかためられて、大ぜいの人の通るようにまで仲間をふやしていく。つまり一人一人の持つ信仰を私物化するのでなく、仲間にも分ち与えることによって平和な世を作ろうとする意図がこの人たちの中にはあった。この人たちはそれぞれ生きるための職業をもっていた。職業を持ちつつ山を愛し尊敬した。

山伏修験の徒は今日から見るともとはきわめて多かった。しかもこの仲間は僧でもなく社家でもなかった。宗教は何でもよかったようで、信仰と呪術だけを持っていた。そのことが明治維新の際の廃仏毀釈にあたって、どっちつかずがゆるされず、ある者は社家になり、ある者は仏教者になって生きのびたが、多くの草山伏たちはそのまま民間に埋没して一般の農民になっていった。

しかし彼らの築きあげた信仰遺産、門前町の大半は風雪にたえて今日に残った。そしてそこから山を愛し山にのぼることを喜びとする人たちの育って来る緒を作った。

3　山の湯治場

ウシジリの湯

里人たちが山を愛するようになった契機の一つに温泉がある。日本は温泉の多い国であり、それがしかも山中に湧出しているものがきわめて多い。今日ではそこが大きな観光地になっているものがきわめて多いが、その初めは周囲の人たちにのみ知られたささやかな出湯であったものがほとんどである。

今から一八〇年ほど前に菅江真澄という一人の旅人が東北から北海道をあるいた。その旅日記の一つ『えみしのさえぎ』の一節に北海道西岸の山中にあるウシジリの温泉をたずねた記事がある。川辺づたいに木賊《とくさ》の原をわけてゆくと篠竹の密生地になり、それをかきわけてゆくと道はなくなり、倒れた木をわたり、カズラをつかみながら、急流を右岸から左岸へ、左岸から右岸へと三〇回ばかりも渡り、深い淵に身をひたし、八キロほどの道に長い時間をかけ、漸く湯のわき出るところへ来た。三〇メートルの高岩にかかって滝のように流れおちる湯もあれば、渓流にわき出ている湯もある。まず入浴する場所を作ろうと木を伐って周囲を菅でかこい、屋根を葺いて莚をしくと小屋ができ、そこに着物をぬいで湯に入った。熱いところもあればぬるいところもある。何べんも湯に入り、夜になると焚火をたいて野獣をふせいだ。翌日は雨になったので増水するのを恐れ、入湯をやめて帰って来た。

東北の湯治場

温泉の発見や利用はもとはみなこういう有様であったと思われる。しかもその湯が病に効くようなことがあると、それが評判になって、農閑期を利用してみな出かけてゆくようになったのであろう。

そのような昔の俤をとどめた素朴な温泉がまだ方々に残っている。下北半島の湯野川・薬研、津軽黒石市の奥の青荷・沖浦・二庄内・要目・坂留・温海をはじめ、八甲田、岩木山などの山麓にもいくつかの温泉がある。たいていその付近の農民たちが湯治に利用している。秋田県八幡平の周辺も北に志張・トロコ・赤川、西に鹿の湯・鳩ノ湯・新湯、南に鶴ノ湯・蟹湯・黒湯・孫六湯などがあってやはり湯治場として利用されて来ていた。秋田県東南隅、湯沢から東南に入った皆瀬の谷、院内から東南に入った秋ノ宮の谷なども素朴な温泉が多かった。しかし交通が便利になって来ると急にひらけて来てそこへ温泉街が出現する。山形県も月山の東北麓に今神・肘折・石抱などの古風な温泉が見られる。

恐山の温泉

宮城県も温泉の多いところだが、それは西北隅の鳴子・鬼首の地区と蔵王山の東麓に分布しており、それらの中には昔のままの素朴な姿をとどめているものが見られる。

福島は磐梯山を中心に高湯・土湯・岳の湯・沼尻・中湯などをはじめ、南会津の田島付近にまだ人に知られず、村人だけの利用している温泉がいくつも谷間にひっそりと湧き出ている。それらは簡単な小屋掛をした程度のものが少なくない。

関東の温泉地は那須・塩原・水上・草津・箱根など皆観光地化してしまっているが、もとは素朴で湯治に利用せられていたものが少なくなかった。

新潟県も温泉の多いところだが、そのほとんどが観光地化したようである。

九州の湯治場

素朴な温泉の数多く残っているのは大分県と熊本県の県境付近の高原地帯である。もとはほとんど訪れる人もなくて、戦後もまだランプのともっているような湯の宿が多かった。久大線の九重町の南の山地はいたるところにそうした温泉があった。それらは今別府から熊本への山なみハイウエーの開通によって大きな変貌をとげつつある。

ここにこんな温泉の名ばかりをあげて見たのも、もともと、温泉は素朴なものであったし、農閑期を利用して村人たちが生きていることをたのしむ場だったからである。温泉は多くは谷間に噴出しており、採泉の技術の進まなかったころには湯口より上に浴場をもうけることはできなかったから、浴場は深い谷底にあった。それがパイプの発達から見晴しのよい丘の上にまでホテル旅館の出現を見るようになってにわかに観光地としての脚光をあびるようになった。
古い時代の温泉の入湯は農民にとってはこの上ないたのしいものので、暇と金との工面がつけば一〇里二〇里の道を遠しとせず出かけていった。山口県長門市の俵山温泉は山中辺僻の温泉であったが、湯治場として農民たちから親しまれ、全県下のものがここに湯治にいっている。生涯のうちに二度か三度は出かけていったもののようで、仲間を作って出かけそこで七日なり一〇日なりをすごして来たのである。それには皆米を背負っていった。そして費用は何ほどもかけなかった。

湯布院の湯

そういう温泉が方々にあった。しかもその多くは山中にあった。そこではそこに集った者がみんな仲間であり、遠慮は不要であった。男女混浴も長い間あたりまえとせられていたのである。

温泉が贅沢な遊び場になったのは新しいことであった。もとより早くからいわゆる行楽の地としてもてはやされたところもあるが、他の多くは日ごろの疲れをいやし、世事を忘れて生の喜びを味わう場としての湯であった。そしてそういうところをあるいてみると、ひっそりとした山の中にも人の世のしあわせのあるのを知ることができた。

解説

田村善次郎

日本は島国であるが、また山国でもある。一日も歩けば大抵の所で山地に入ってしまう。山地に入るには川を遡って行くのだが、道は必ずしも谷に沿ってついているとは限らない。現在、車の入る道は谷沿いにつけられているものが多いけれども、かつて人が歩いて往来していた頃の道は山の中腹か尾根にあることが多かった。今年八月の初めに歩いた桧原の道もまた、そうであった。桧原村は東京都西多摩郡。多摩川の支流である秋川の源流域にある山村である。秋川は桧原村の入口でもあり中心地でもある本宿の下で南秋川と北秋川が合流して一本になるが、その奥は南谷、北谷と二つの谷に別れていて、集落は南北の谷の斜面に点在している。道は夫々の谷沿いにつけられているのだが、この道が拓かれたのは新しいことで、かつてこの山地に住む人たちが本宿や五日市に出るには南谷、北谷を区切り境する浅間尾根に上り、尾根伝いの道を利用したのである。特に谷が深く傾斜の急な南谷の人里《へんぼり》や数馬などの人たちは尾根道を昭和にはいっても利用することが多かったという。集落の背後から斜面を上って尾根筋に取りつくまではきつい上りになるけれども尾根に上ってしまうと上り下りの殆どない平担な道が続く。尾根の道は危険のない安全な道であった。現在は山の好きな人が僅かに利用する程度のものでしかないが、古代この尾根通りの道は甲斐の国府から武蔵国府に通ずる主要な道筋のひとつであったと伝えられている。尾根を伝い峠をこえて行けば甲州は近かったのである。

現在、山村の道は行き止まりになっている所が多いけれども、かつて行き止まりの道はなかったといって良い。

二〇年も前のことになるが、仲間とヒマラヤの山地を歩いたことがあった。山を登り、尾根を歩き、谷に下り、また山を上りという毎日を繰り返してタライの低地からグレートヒマラヤの山中まで入っていったのだが、その時、どこまで行っても行き止まりのないことに驚いた。岩山の踏み跡も定かではない道を行き、雪の峠で心細くなっても、その峠を下ると村があり、人が住んでいることに安心もし、また感動もした。今も鮮やかに思い出すことができる。その想いを帰って宮本先生に話した時、先生はひとこと「秘境がないんじゃ！」とおっしゃられた。どういう意味でいわれたのか今もって良くわからないのだが、かつての日本の山中も、ヒマラヤ山地ほど規模は大きくなくとも、行き止まりのない、秘境のない山地ではなかったろうか。

本書の第一章で宮本先生が取り上げておられるように秘境といわれるところはたくさんあったのだが、これらの土地に住む人々は現在の我々が漠然と想像しているように外の世界から切り離され、孤立して暮らして来た訳ではない。外の世界と広く深いつながりを持って暮しをたてて来た時代が長かったように思われるのである。

桧原の村のいくつかを歩いて暗い気持になって帰った。空屋が多く見受けられるばかりでなく、子供の姿を見ない村は淋しいものである。さまざまな事情はあるにしても住むに値する土地であるから住みつき、精一杯努力して暮らしを築いて来た。その土地が住むに値しなくなった。だから人は出て行くのであろう。それはその土地に住む人が望んでそうしたのでも、怠けてそうなったのでもない。

どうすればよいのであろうか。
山中の暮らしのありようや山の道の果して来た役割を私たちはいま深く反省して見なければならないのではないだろうか。

（昭和六十二年九月）

編著者
宮本常一（みやもと・つねいち）
1907年、山口県周防大島生まれ。
大阪府立天王寺師範学校専攻科地理学専攻卒業。
民俗学者。
日本観光文化研究所所長、武蔵野美術大学教授、
日本常民文化研究所理事などを務める。
1981年没。同年勲三等瑞宝章。
著書：「日本人を考える」「忘れられた日本人」「民具学の提唱」「日本の宿」「川の道」「庶民の旅」「日本の人生行事」「日本の年中行事」「日本の葬儀と墓」「伊勢参宮」「歳時習俗事典」など。

本書は、昭和62年に「旅の民俗と歴史（全十巻）」の第八巻として刊行された『山の道』の新装版である。

宮本常一　山の道　［新装版］

2006年11月27日　新装初版第1刷発行
2024年10月25日　新装2版第1刷発行

編著者　宮本常一
発行者　八坂立人
印刷・製本　モリモト印刷（株）

発行所　（株）八坂書房
〒101-0064 東京都千代田区神田猿楽町1-4-11
TEL.03-3293-7975　FAX.03-3293-7977
URL：http://www.yasakashobo.co.jp

ISBN 978-4-89694-370-2

宮本常一著作〈田村善次郎編〉

山と日本人

2000円

日本の山間に住む人々はどんな暮らしをしていたのか。そして日本人は山をどのように利用していたのか。魔の谷・入らず山・女人禁制の山、クマ・シカ・イノシシ狩や落とし穴の狩猟、マタギの生活、木地屋、山村を追われ身を寄せ合い暮らしていた人々……山と日本人の関わりを調査し、考え、見てゆく。

伊勢参宮 〈増補改訂版〉

2000円

日本人はなぜ伊勢参りをするのか。……宮本常一が中心となり、伊勢信仰関係の資料を蒐集、整理、解読、検討し、それをまとめた名著『伊勢参宮』(「伊勢神宮の歴史」「伊勢講の変遷」「伊勢参宮の変遷」昭和47年初版)を改訂、あらたに未発表原稿「伊勢信仰の話」を加え、民衆と伊勢信仰の実相を究明する。

飢餓からの脱出 生業の発展と分化

2000円

日本人はいかにして食糧を得てきたのか。日本中をくまなく見て歩いた宮本ならではの、各地に例を挙げた考察は、稲作を中心とした日本の食の歴史をわかりやすく解説するだけにとどまらず、それにまつわる年中行事や暦、農業経営や漁業技術、海と山の関係や交易にいたるまで多岐にわたる。惜しむらくはこの原稿が未完であること。それを補うべく、日本の食生活の構造を記した「日本人の食生活」を巻末に添えた。

聞書 忘れえぬ歳月〈東日本編〉〈西日本編〉

各2000円

2011年、震災に襲われた日本。未曾有の大惨事といわれているが、各地の古老たちは「大戦」や「関東大震災」を経験し、想像以上の辛苦を重ねて生き延びてきた。翁たちの貴重な話を聞く。「聞き書き」はすぐれた過去、今日を築き上げてきた努力—各地方の真の歴史—を埋没させないために、《あるく・みる・きく》を実践した宮本民俗学において、もっとも重要な手法である。

宮本常一の本棚

2800円

宮本常一はどんな本を読んでいたのか。新聞や雑誌に掲載された書評を中心に、宮本常一の書いた様々な本の序文、書籍の内容見本に著した推薦文や紹介など、昭和12年から55年までのものを編纂。絶賛の本から辛口の批評まで、宮本常一の本棚を覗く。

(価格は本体価格)